CB020394

Pequeno livro de

ETIQUETA

Guia para toda hora

Revisado conforme o novo acordo ortográfico

Dados Internacionais de Catalogação na Publicação (CIP)
(Câmara Brasileira do Livro, SP, Brasil)

17ª ed.

Vaz, Ana.
   Pequeno livro de etiqueta: guia para toda hora / Ana Vaz. –
17ª ed. – Campinas, SP : Verus Editora, 2013.

   Bibliografia
   ISBN: 978-85-7686-005-1

   1. Etiqueta. I. Título.

06-6929   CDD-395

Índices para catálogo sistemático:

   1. Boas maneiras – Etiqueta – Costumes 395
   2. Etiqueta – Costumes 395

Ana Vaz

Pequeno livro de

ETIQUETA

Guia para toda hora

17ª edição

VERUS
editora

Grupo Editorial Record

Editora
Raïssa Castro

Coordenadora Editorial
Ana Paula Gomes

Copidesque
Carlos Eduardo Sigrist

Revisão
Ana Paula Gomes
Raïssa Castro

Capa & Projeto Gráfico
André S. Tavares Silva

Arte-final
Odair Temporin

VERUS EDITORA LTDA.
Rua Benedicto Aristides Ribeiro, 55
Jd. Santa Genebra II - 13084-753
Campinas/SP - Brasil
Fone/Fax: (19) 3249-0001
verus@veruseditora.com.br
www.veruseditora.com.br

SUMÁRIO

INTRODUÇÃO

O que é, afinal, etiqueta? E para que serve? Essas são perguntas bastante recorrentes. Minha resposta preferida leva em consideração sua relevância na formação de cidadãos, de seres humanos mais conscientes. Etiqueta é a ética do cotidiano, do dia a dia, da convivência. Mais do que nos orientar para saber que talheres usar em determinada ocasião (informação que, aliás, você encontrará neste livro), ela pode e deve nos ajudar a ser cidadãos civilizados, corretos, cientes da existência e da importância do outro. Se me perguntam, por exemplo, qual a maior "saia justa" pela qual se pode passar, nunca digo que é palitar os dentes à mesa do restaurante – não que você deva fazer isso! –, mas ser rude com os que estão à mesa ou com o garçom que o atendeu com tanta cordialidade. Gafe é não perceber que o outro existe, ou perceber e desprezar o fato. É ignorar que seus direitos vão até onde os direitos do outro começam.

Etiqueta nos ajuda a tomar consciência do outro e a exercitar o bom convívio com ele. Etiqueta e empatia, para mim, são irmãs siamesas. É por esse motivo, inclusive, que este livro (tão enxuto e, talvez por isso mesmo, tão ambicioso) trata não só de boas maneiras, mas de civilidade, de equilíbrio entre o autorrespeito e o respeito ao outro. É em nome desse equilíbrio, por exemplo, que o primeiro capítulo é dedicado prioritariamente à prática da empatia, para que você enfrente as situações rotineiras com elegância e respeito ao outro.

Este livro tem a pretensão, ainda (não disse que ele é ambicioso?), de estar literalmente presente em seu dia a dia. Ele quer – e pode – ser carregado com você. Ele quer ser sua memória sobre etiqueta. O formato foi escolhido justamente com este objetivo: você o carrega no bolso, na bolsa, na pasta, deixa um exemplar na gaveta do escritório, outro na mesinha de cabeceira... e, num momento de insegurança, lá está ele, esperando para lhe ajudar. Este livro foi pensado para que você tire o máximo proveito dele. Além disso, procuramos organizá-lo de forma bem didática, para facilitar e agilizar sua consulta: os temas estão separados por capítulos, dentro de cada um deles as informações estão

agrupadas por assunto e, sempre que pertinente, subdivididas em etiqueta social e empresarial. Assim, num minutinho você esclarece suas
dúvidas.

Boa leitura e bom uso!

VIVA A EMPATIA!

SEJA ELEGANTE TODOS OS DIAS, O DIA TODO

Neste primeiro capítulo estão incluídos diversos temas do dia a dia, situações rotineiras, tais como enfrentar a fila do cinema, dirigir, conversar com amigos ou cuidar de seu animal de estimação. O fato de esses temas estarem agrupados num único capítulo não significa que sejam menos importantes do que os que possuem um capítulo só para eles. Ao contrário, os temas abordados aqui e a maneira como os conduzimos em nossa vida são fortes indícios de quão elegantes e civilizados somos. Indícios ainda mais fortes e mais significativos do que saber a precedência na hora de apresentar os convidados durante uma reuniãozinha em casa, os temas a seguir nos ajudam a conviver em harmonia, respeitando e reconhecendo a existência do outro.

Assim, preparamos para você uma série de dicas que lhe ajudarão a enfrentar o dia a dia com mais elegância. E viva a empatia!

(Con)vivendo em sociedade

Passamos grande parte do tempo cercados por outras pessoas, convivendo, dividindo nosso tempo e espaço com elas. Se aprendemos a ser generosos, se nos colocamos no lugar do outro e buscamos a harmonia, esse convívio fica muito mais fácil e rico. Para todo mundo!

Palavras mágicas: não, elas não são seu sobrenome ou cargo...

Algumas pessoas simplesmente esquecem ou não suspeitam que a inclusão de algumas poucas palavras em seu vocabulário pode deixar sua própria vida e a do outro muito mais leves. E, por mais que estejam (mal-)acostumadas a ser obedecidas em função de um sobrenome ou cargo, essa pequena mudança de vocabulário pode fazer com que elas sejam respeitadas e admiradas (em vez de simplesmente temidas).

"Bom dia, boa tarde, boa noite", "por favor, por gentileza", "com licença" e "obrigado(a), muito obrigado(a)" estão entre as palavras mais simpáticas e elegantes que você pode – e deve – usar.

"Sinto muito" e "me desculpe" também fazem parte do grupo de palavras mágicas e devem ser utilizadas sempre que necessário. No entanto, elas parecem estar perdendo o encanto, não porque sejam pouco usadas, mas porque são utilizadas em demasia. Muitas pessoas as usam pensando que consertarão qualquer erro, comportamento inadequado ou grosseria. Lembre-se: o simples fato de a palavra "desculpe" existir não lhe dá o direito de fazer ou falar o que bem entende e depois se desculpar. Mais do que utilizá-la indiscriminadamente, coloque-se no lugar do outro – é muito mais elegante!

A fila anda: do cinema ao *self-service*, ponha-se em seu lugar!

Respeitar as filas. Esse é um dos sinais mais claros da elegância de uma pessoa. Furar fila não tem desculpa, é grosseria. Ponto. É a prova irrefutável de que você ignora e despreza os outros. Não interessa se você está com pressa, se tem uma reunião começando em cinco minutos, se o que tem para resolver é rapidinho. Não interessa se vivemos no "país do jeitinho". Outras pessoas chegaram antes e têm a preferência.

Outros comportamentos deselegantes e inaceitáveis:

- 😞 O vaivém de gente que pensa que a fila do *self-service* não é fila.
- 😞 Usar a fila reservada para atendimento preferencial a idosos e gestantes, ou não oferecer a vez a eles.

- 😞 Ter a preferência (por ser idoso, gestante, mãe/pai com criança de colo) e entrar na frente dos outros sem pedir licença.
- 😞 Guardar lugar na fila para toda a sua turma.
- 😞 Não reclamar se alguém furar a fila na qual você está.
- 😞 Atender a pessoa que furou a fila.

@ ETIQUETA EMPRESARIAL

Pesquisas já comprovaram que a fila é um dos fatores que mais contribuem para a percepção negativa da prestação de um serviço – ninguém gosta de enfrentar fila, e o tempo parece passar mais devagar quando estamos nela (sensação também comprovada em pesquisas). Aqui vão algumas sugestões para evitar que seus clientes se irritem quando precisam entrar em filas:

- ✔ Sinalize o atendimento preferencial.
- ✔ Estabeleça políticas claras de não atendimento aos "furões".

Teatro, cinema, museu, palestras e aulas: o outro também pagou para estar lá

Além de furar fila, muitos outros comportamentos deveriam ser evitados nesses lugares. Constantemente vejo pessoas agindo como se fossem as únicas no recinto, absolutamente alheias à presença do outro. Seja por pura distração, seja por falta de educação mesmo, os comportamentos a seguir são absolutamente desrespeitosos. Não vale:

☹ Deixar o celular ligado em nenhum dos locais mencionados, que dirá atendê-lo...

☹ Ficar narrando o filme (ou peça, palestra etc.).

- 😞 Ficar enviando torpedos. Apesar do silêncio, a luz atrapalha e distrai quem está concentrado no filme, na peça etc.
- 😞 Pedir para alguém trocar de lugar – principalmente quando as luzes já se apagaram.
- 😞 Ir a qualquer um desses lugares quando se está com tosse...
- 😞 Levar bebês ou crianças a filmes e peças que não sejam infantis.

Pontualidade: nunca é tarde para não se atrasar mais

Falta de pontualidade. É uma pena que esse péssimo hábito esteja tão arraigado em nós, brasileiros. Parece até um traço de nossa personalidade. Esse desrespeito não só ao relógio, mas ao valioso tempo do outro, é tão comum entre nós que até parece que se atrasar é normal. Mas não é! Ser pontual é demonstrar que você se importa com o outro.

- Planejamento é a palavra-chave. Quem deixa tudo para a última hora nunca será pontual.
- Numa festa ou reunião na casa de amigos, um atraso de até trinta minutos é tolerável, afinal já entramos em consenso que, em nossa cultura, ninguém chega a essas ocasiões no exato horário marcado. Mas nem todas as ocasiões sociais permitem essa displicência.
- Normalmente, o atraso causa vários inconvenientes a outras pessoas. Evite atrasar-se para:
  - ✔ cerimônias (inclusive de casamento);
  - ✔ sessões de cinema e teatro;
  - ✔ palestras e cursos;
  - ✔ compromissos com pessoas menos íntimas;
  - ✔ salão de beleza;
  - ✔ consulta médica ou odontológica.
- Adiantar-se também é ruim. Evite chegar à casa dos anfitriões antes da hora marcada, enquanto ainda fazem os últimos acertos.
- Sempre que um atraso for inevitável, ligue avisando.

@ ETIQUETA EMPRESARIAL

✔ Aqui a falta de pontualidade é ainda pior. Evite a todo custo e, caso aconteça (ou esteja para acontecer), ligue avisando!

✔ Entre outras coisas, o atraso demonstra (mesmo que involuntariamente) desorganização, imaturidade, falta de capacidade para planejar e desinteresse pelo outro — seja ele seu cliente, funcionário, colega ou fornecedor.

✔ No ambiente de trabalho, atraso também implica desperdício de tempo e de dinheiro!

✔ Planejamento, mais uma vez, é a palavra-chave para evitar o atraso.

✔ Mesmo que você seja o cliente (e por isso se sinta no direito de fazer o outro esperar — erradamente) e esteja indo ao encontro de seu fornecedor ou vá recebê-lo em seu escritório, evite atrasar-se. A falta de pontualidade tem efeito cascata e normalmente desorganiza o dia de muita gente.

Trânsito: seus belos olhos não lhe dão o direito de estacionar em fila dupla

Eis mais uma ocasião em que muitos acreditam piamente ter mais direitos que outros. Desde estacionar em fila dupla até ultrapassar em locais proibidos, o descaso pelo outro no trânsito não é só deselegante e egoísta, é perigoso.

O que não vale fazer:

Desrespeitar as leis de trânsito – qualquer uma, independentemente de concordar com o que elas exigem. Alguns exemplos repugnantes:

- ☹ Ultrapassar em local proibido.
- ☹ Não andar na velocidade adequada à pista em que está.
- ☹ Não colocar as crianças no banco de trás, protegendo-as com o cinto de segurança ou utilizando a cadeirinha.
- ☹ Não dar sinal de seta. Isso demonstra o descaso enorme por quem vem atrás e precisa adivinhar aonde você vai.

Algumas atitudes menos perigosas – mas não menos irritantes e desrespeitosas – que demonstram a falta de civilidade do motorista:

- 😞 Estacionar em fila dupla.
- 😞 Estacionar em vagas para deficientes, gestantes e idosos, ou outras vagas reservadas.
- 😞 Parar ou estacionar na faixa de pedestres.
- 😞 Estacionar em duas vagas ou invadir a vaga ao lado.
- 😞 Andar em duas pistas.
- 😞 Furar a fila.
- 😞 Jogar lixo pela janela.
- 😞 Entrar na contramão, só para estacionar antes do outro.
- 😞 Deixar o carrinho de supermercado na frente do carro do outro.
- 😞 Buzinar exigindo passagem, quando o sinal ainda nem abriu.
- 😞 Rotular mulher de "barbeira".

Aqui vão algumas atitudes que fazem de você não só um motorista melhor, mas uma pessoa mais gentil e educada:

☺ Oferecer passagem.

☺ Agradecer pela passagem dada.

☺ Quando o trânsito estiver lento e você quiser passar, olhe o outro motorista com um sorriso, pedindo licença.

@ ETIQUETA EMPRESARIAL

✔ Se você está dirigindo o carro da empresa em que trabalha, principalmente se ele tem a logomarca, triplique sua atenção às normas de conduta no trânsito, seja gentil, dê a preferência. É a marca que você representa que está sendo avaliada pelo outro, e não simplesmente você.

✔ Se é você quem comanda a frota, exija um comportamento exemplar de seus motoristas – do entregador ao presidente, todos devem respeitar as normas, representando a empresa e suas marcas da maneira mais positiva possível.

Crenças e opiniões: as minhas não são melhores que as suas, e vice-versa

Todos temos as nossas, mas devemos nos lembrar de que elas nem sempre são iguais às dos outros. Alguns temas, ao mesmo tempo em que são interessantes e pertinentes, podem ser também extremamente controversos. Cuidado com o que você discute, com quem e em que locais.

Dentro ou fora do ambiente de trabalho, preste atenção:

- À mesa, em reuniões ou eventos sociais ou profissionais, temas mais leves são sempre melhores. Deixe as controvérsias para discutir entre amigos muito próximos, que não se aborrecerão com posições discordantes.

- Ideias machistas e feministas sempre geram discussões acaloradas. Cuidado ao expressá-las. Nem todo mundo concorda, por exemplo, que "ser chefiado por mulher é ruim" ou que "os homens são todos iguais". Por mais inocentes e lugares-comuns que comentários desse tipo possam ser, é normal que gerem reações ruins e respostas muitas vezes atravessadas.

- Idem para opiniões que envolvam preferência sexual. Cada um tem a sua. Não tem certo ou errado, tem diferente. Ponto.

- Aliás, cuidado com quaisquer outros comentários (ou brincadeirinhas ingênuas) preconceituosos. Além de serem de extremo mau gosto, arruínam amizades, carreiras e oportunidades de negócios.

- Nem precisava dizer, mas religião e política também são temas difíceis, em praticamente todas as ocasiões.

- Se você acha que fulano é uma péssima pessoa, guarde essa opinião para você. Com certeza tem gente que acha exatamente o contrário.
- O que fazer quando se sabe que alguém está entrando numa saia justa por tocar num tema delicado? Momento perfeito para ter um ataque de proatividade: mude de assunto, distraia a atenção dos presentes, faça alguma coisa. Seja solidário (e nobre!) e não espere o circo pegar fogo. Depois chame a pessoa num canto e a previna sobre a gafe que quase aconteceu.
- Cuidado com imitações maldosas de colegas, chefes, familiares... A vida é cheia de surpresas, e a pessoa que você imitou pode aparecer do nada! Ops...
- Não confunda franqueza com falta de educação. Mesmo quando perguntado sobre um tema ou sobre uma pessoa, você deve estar ciente de que existem maneiras simpáticas de emitir uma opinião.

Perguntas e comentários que nunca deveriam ser feitos

Sabe aqueles silêncios incômodos? Ou aquela sensação de "Será que fiz algo errado"? Ou respostas atravessadas e olhares fulminantes direcionados a você? Pois é, muitos deles poderiam ser evitados se as perguntas e comentários listados na sequência fossem abolidos de seu dia a dia.

"Esta roupa me deixa gorda?" Uma pergunta que nunca deveria ser feita a ninguém, a não ser a um consultor de estilo. É sempre difícil encontrar a resposta menos problemática.

"Não se lembra do meu nome?" Não torture alguém que visivelmente está tentando se lembrar de seu nome e ao mesmo tempo quer ser gentil, não demonstrando a você que se esqueceu. Essas coisas acontecem (inclusive com você).

Então, tente discretamente fazer a pessoa lembrar-se de seu nome.

"Só vai comer isso?" ou "Não gostou da comida que eu fiz?" Evite! A pessoa pode simplesmente comer menos que você. Não force e não a coloque numa saia justa, afinal talvez ela não tenha gostado mesmo...

"Nossa, você engordou?", "Tá ficando careca, hein?" ou coisas do tipo. Ninguém quer ouvir esse tipo de comentário. Não se surpreenda com uma resposta mal-educada.

"Você colocou silicone?" ou "É seu mesmo?" Claro que é! Tenha sido feito pela genética ou pelo cirurgião, é dela. E ninguém tem nada a ver com isso. O mesmo se aplica a perguntas e comentários sobre qualquer outro procedimento do tipo, inclusive Botox.

"Quanto você (seu marido, sua namorada, seu pai...) ganha?" ou "Fulano ganha bem!" E daí? Você vai gostar mais da pessoa ou respeitá-la mais, ou menos? Se a pergunta foi feita a você, não se acanhe em dizer que prefere não responder, ou simplesmente solte um "O suficiente" e encerre o assunto. Aliás, tão deselegante quanto fazer esse tipo de pergunta é sair por aí contando para todo mundo que você (ou alguém de suas relações) ganha bem.

"Quanto custou?" ou "Quanto você pagou?" A não ser que você tenha muita intimidade com a pessoa, e o que ela adquiriu seja algo banal, evite. Resista bravamente. É tão deselegante quanto perguntar quanto alguém ganha.

"Você não vai se casar?", "Não arrumou pretendente ainda?" ou "Você já está passando da idade de casar." É impressionante como muita gente ainda não percebeu que casamento hoje em dia não é mais a regra e que nem todo mundo nasce sonhando em mudar de estado civil.

"Você está grávida (de quantos meses)?" ou "Não sabia que você estava grávida..." E a pessoa não está. Um clássico das saias justas...

"Você não quer engravidar?", "Vocês não vão ter filhos, não?", "Por que vocês ainda não têm filhos?" ou "Já está passando da hora de você engravidar, hein?" Se você é do tipo que se acha na obrigação de interrogar os outros a esse respeito, saiba que as pessoas não têm filhos por uma série de motivos, do simples "Porque não quero" ao muito mais complexo e dolorido "Porque não posso". E se a pessoa nunca falou desse tema com você, entenda o silêncio como um sinal de que ela não deseja sua opinião ou não acha que esse ponto da vida dela deva ser discutido com você. Aceite!

"Quantos anos você tem?" Por que as pessoas são tão obcecadas com esse dado? Evite perguntar às mulheres. E não para por aí. A resposta pode ser: "Quantos anos você acha que eu tenho?" Você responde errado e pronto, duplica sua gafe.

"Você (não) é virgem?", "Fulano (não) é virgem", "A filha de fulana (não) é uma moça direita" e coisas do gênero. Além de sexistas, são comentários ultrapassados. Difícil acreditar que em pleno século XXI alguém ainda se preocupe com isso... Deselegante e *démodé*!

"Como você tem coragem de comer isso?" Não faça esse tipo de pergunta – principalmente para um estrangeiro, enquanto ele come ou oferece a você um prato típico.

"Posso copiar?" No sentido de aproveitar algo que seja fruto do esforço de alguém – um terceiro ou a pessoa para quem você fez o pedido indecente. "Não!" é a resposta que você deveria ouvir – e se vier dura, seca e direta, não reclame.

Boa vizinhança: pratique!

Todos temos vizinhos, e muitas vezes são eles que testemunham nossos maiores deslizes em termos de elegância e respeito ao outro – frequentemente são eles mesmos as vítimas. A seguir, algumas dicas para ser elegante com a vizinhança:

- Se você vive em condomínio (horizontal ou vertical), respeite o estatuto. Simples assim.
- Barulho sempre incomoda: evite som alto (a qualquer hora do dia), o "toc-toc" dos saltos (pelo menos após as 22 horas) e as festinhas fora de hora. E adestre seu cão para que ele não fique latindo o tempo todo.
- Mantenha sua privacidade: cuidado com a altura da voz ao fazer comentários sobre sua vida, ao dar bronca nos

filhos, ao discutir com o cônjuge. E cuidado com o palavreado!

- No condomínio horizontal, tenha atenção ao dirigir e respeite os limites de velocidade.
- Se você mora em apartamento, saiba que não custa nada segurar o elevador até que seu vizinho chegue. É tão mais elegante do que subir correndo! E por falar em elevador, não o segure enquanto conversa na porta. Além disso, cumprimente as pessoas com quem você encontra ao utilizá-lo.
- Ensine seus filhos a agirem da mesma forma, sempre com muita educação.

Apagando o incêndio: fumantes elegantes e não fumantes tolerantes

Se você é fumante, saiba que não dá para impor seu hábito a outras pessoas. Por outro lado, se você faz parte do time dos não fumantes, fique ciente de que não dá para proibir o cigarro em todos os lugares. De qualquer maneira, acredito que seja possível um mundo onde os dois lados convivam bem – bastam o bom senso e a empatia.

Se você é fumante:

- Para começar, respeite as proibições e restrições. Ninguém é elegante impondo suas vontades.
- Evite fumar, mesmo que não haja proibições explícitas:
  - ✔ dentro da casa dos outros, a não ser na casa de fumantes ou de pessoas que já lhe deram aval para fumar – mesmo assim, no último caso, fume fora da casa ou num local muito ventilado;
  - ✔ em ambientes fechados ou mal ventilados;
  - ✔ em banheiros públicos;
  - ✔ na frente de crianças – de qualquer idade;
  - ✔ próximo de mulheres grávidas ou de pessoas com problemas respiratórios;
  - ✔ em restaurantes. Por mais tentador que seja, sua fumaça sempre vai incomodar o outro durante a refeição.

- Não espalhe as bitucas por aí; tenha sempre um saquinho para elas.
- Na balada, cuidado com o cabelo e a roupa das outras pessoas.
- Charutos incomodam do mesmo jeito. Por maior que seja o *status* que possuem hoje, sua fumaça é tão inconveniente quanto a do cigarro. Então siga as mesmas orientações.

Se você é não fumante:

- Saiba que, em locais em que não existem proibições e restrições, o fumante tem os mesmos direitos que você. Mas, se o local é fechado ou a ventilação é ruim, pode reclamar – inclusive da política do local, que deveria ter proibido o fumo.
- Ao aceitar sentar-se na área de fumantes, não fique olhando feio para todo mundo que acende um cigarro.
- Infelizmente, suas opiniões sobre os males do cigarro afetam muito pouco o fumante. Então, poupe-se e poupe o outro.

- Você tem todo o direito de proibir o fumo dentro de sua casa. Mas nem pense em ficar fazendo cara feia ou reclamando quando estiver na casa de um fumante.

Petiqueta: que cãozinho educadinho!

Você a-do-ra animais? Que bom, eu também! Mas, novamente, nem todo mundo compartilha nossa opinião... É por isso que, ao incluir seu animalzinho de estimação em sua vida social, você deve estar ciente de que existem limites.

Se você tem um bichinho:

- Nem pense em levar o cachorrinho para passear e não recolher a sujeira dele. Prepare-se e leve um saquinho com você.
- Identifique o bichinho: coleira ou medalha com o nome dele e o seu, e seu telefone.
- Animal de estimação é responsabilidade sua. Seus vizinhos não têm obrigação de cuidar dele enquanto você

viaja. Só se forem próximos e se oferecerem. Do contrário, pague alguém de confiança ou leve-o para um hotelzinho.

- Será que seu cãozinho realmente precisa ir às compras com você? Será que ele está pronto para uma inserção social tão, digamos, profunda?

- Adestramento é uma opção muito boa para quem quer que o animalzinho realmente faça parte da vida social.

- Não tente fazer com que todo mundo ame seu bichinho.

- Tem gente que é alérgica a pelos de cães e/ou gatos. Não insista em mantê-los no mesmo cômodo.

- Via de regra, prenda os cães quando vai receber visita, principalmente se os bichos ainda não estão bem treinados ou são bravos e se você sabe que a visita não gosta ou tem medo deles.

- Bicho dentro do carro, só preso. Nada de deixá-lo solto, distraindo sua atenção.

- À mesa e no restaurante, evite.
- Por mais dóceis que sejam com você, cães de raças mais agressivas ou consideradas perigosas só devem sair de casa com coleira e focinheira (e com você plenamente seguro de seu poder de controle sobre eles).
- Seu animal é um reflexo de sua personalidade, educação e respeito pelos direitos do outro. Se ele é mal-educado, mesmo que você seja um doce de pessoa, a impressão é justamente a contrária.

Se você não tem um bichinho:

- Nada de ficar reclamando do bicho na casa do amigo. Seu amigo ama o animalzinho e por isso pode se ofender e se magoar. E você corre o risco de ser cada vez menos convidado para a casa dele.
- Evite reclamar do tratamento cuidadoso e carinhoso que o outro dá ao animalzinho.
- Evite os comentários maldosos sobre o bicho do outro.

🎁 Se o estabelecimento comercial no qual você está permite a entrada e a permanência de animais, e isso está comunicado claramente, não reclame.

Outras dúvidas que podem aparecer no dia a dia

✔ Quem tem a preferência no caso de entrar ou sair de um lugar? Seja do elevador, do vagão do trem, do ônibus, do metrô, enfim, de qualquer lugar, quem tem a preferência é quem sai. Então, se você vai entrar, espere que os outros saiam. Ponto. Esqueça a pressa... e a falta de educação!

✔ O que dizer quando alguém espirra? "Saúde." Simples assim.

✔ Ainda se tratam as pessoas por senhor e senhora? Em geral, quando não existe uma considerável diferença de idade, a resposta é não. No entanto, se você está abordando um cliente ou alguém muito importante na sua empresa, essa formalidade mostra respeito – se a pessoa achar dispensável, vai lhe dizer, pedindo que o tratamento mais formal seja abolido.

✓ Minha amiga tem mau hálito. Devo avisá-la? Se há intimidade e confiança entre vocês, sim. Se não é o caso, existem *websites* de clínicas especializadas que enviam uma mensagem avisando do problema (com muita delicadeza e respeito – forma correta de proceder nessa situação) e falando de possíveis tratamentos e soluções.

2 A ETIQUETA NA COMUNICAÇÃO

A maneira como você se comunica com os outros fala muito a seu respeito. Para isso você utiliza uma série de ferramentas: as palavras que escolhe, os gestos e expressões faciais que as acompanham, o cartão de visita que você entrega a alguém, a forma como utiliza o *e-mail* e o celular e até mesmo sua maneira de se vestir.

Neste capítulo e no próximo – que será reservado à etiqueta no modo de se vestir – você aprende a utilizar com desenvoltura e elegância essas ferramentas.

Sua elegância por um fio... ou sem fio

Não dá para negar que as novas tecnologias de comunicação facilitam nossa vida, mas, por outro lado, nos escravizam e nos fazem, muitas vezes, esquecer as boas maneiras. O celular, por exemplo, tomou conta de nossa rotina e está mudando nosso comportamento. Vamos começar falando dele.

Celular: já aprendeu a desligá-lo?

Prático e infinitamente útil, o celular também pode ser uma arma à disposição da deselegância. Tudo depende de como você o utiliza.

Para começar:

- Sempre peça licença para atender o celular quando está conversando pessoalmente com alguém. É sempre uma interrupção – e quanto menos abrupta, menos rude.
- Evite pedir o número do celular a pessoas com quem você não tem muita intimidade.
- Celular não é acessório, por isso não valoriza nenhuma produção, pelo contrário. Não o use como pochete, pendurado no pescoço, do lado de fora da bolsa ou da pasta...
- Atenção ao tom de voz; nem todo mundo precisa – ou deseja – saber de que assunto você está tratando.

@ ETIQUETA EMPRESARIAL

✔ Se seu celular é usado para fins comerciais (seja você empregado, seja empregador), lembre-se de sempre se identificar e saudar quem o está chamando.

- ✔ Evite pedir o número do celular a clientes ou possíveis clientes, a não ser em situações em que isso possa agilizar a vida dele. Acredite: quem não se importa em divulgar o celular vai lhe dar o número mesmo sem você pedir.
- ✔ Atenção ao volume e ao tipo de toque, eles podem causar a impressão errada. Esqueça os toques e músicas engraçadinhos e nada profissionais.

Fazendo ligações para celulares:

- A não ser que você seja muito íntimo da pessoa, o telefone fixo, e não o celular, deve ser sempre sua primeira opção de contato.
- Sempre, ao ligar para o celular de alguém, se identifique e pergunte se a pessoa pode atendê-lo.
- Em geral, procure ser breve.

Não atenda, por favor!

Nas ocasiões a seguir, o ideal é realmente desligar o celular. Atendê-lo é uma tremenda falta de educação. Você até pode deixá-lo no silencioso, mas por que não aproveitar essas ocasiões para libertar-se dele e experimentar a sensação de ser dono de seu tempo? Além disso, você pode dedicar 100% de atenção à pessoa com quem está.

Evite ao máximo atendê-lo ou deixá-lo tocar:

- ✔ em lugares onde haja plateia ou audiência (do cinema às aulas de MBA);
- ✔ em cerimônias (das solenes às religiosas);
- ✔ em qualquer lugar onde haja uma solicitação para que ele permaneça desligado.

@ ETIQUETA EMPRESARIAL

Não atenda o celular:

- ✔ em qualquer reunião com clientes ou contatos comerciais (à mesa ou fora dela), afinal você não quer dar a impressão de que não está completamente à disposição de quem compra seus produtos ou contrata seus serviços – se não houver outra saída a não ser atender a ligação, desculpe-se e seja muito breve;
- ✔ em treinamentos e apresentações;
- ✔ em entrevistas de emprego, seja você o entrevistado, seja o entrevistador.

Evite sempre que possível ou limite a conversação ao mínimo necessário

Nas ocasiões a seguir, está liberado deixar o celular no silencioso, mas seria muito mais elegante se você não o atendesse, retornando a ligação depois. Pode também pedir licença para atendê-lo e fazer isso o mais rápido possível.

- À mesa (do restaurante, do barzinho, numa reunião na casa de amigos etc.), principalmente quando estão somente você e mais uma pessoa.
- Sempre que estiver acompanhado de apenas uma pessoa. Se você atende e se prolonga na conversa, normalmente essa pessoa vai se sentir excluída.
- Quando está sendo atendido por alguém (no salão de beleza, na clínica de estética, numa loja de *shopping* etc.), caso isso possa atrapalhar ou atrasar a conclusão do serviço, prejudicando quem está esperando.

@ ETIQUETA EMPRESARIAL

O mesmo vale se você estiver:
- ✔ Numa reunião profissional em que clientes não estejam presentes – e se está esperando alguma ligação urgente, comunique ao grupo.

- ✔ À mesa, em almoços e jantares da empresa.
- ✔ Na própria empresa, caso seu celular não seja comercial. Se for, não tem problema atender as ligações de seus colegas, clientes e fornecedores – mas as da(o) namorada(o), do irmão etc. devem ser bem breves!

Fique à vontade para atender e falar

Só tome cuidado com o tom de voz (nada de falar alto, por favor!) e com os temas abordados.

- ☺ No barzinho, no café, na festa, na balada com os amigos, na casa deles, nos intervalos de peças de teatro ou de palestras, ou seja, em ambientes mais informais, descontraídos.
- ☺ Em locais como salões de beleza, salas de espera e recepções, na rua, nos corredores do *shopping*, em filas.
- ☺ Quando estiver sem companhia à mesa, em restaurantes ou cafés, por exemplo.

Netiqueta: passe essa mensagem para mais dez pessoas!

Assim como o celular, a comunicação via *e-mail* transformou-se, mais do que numa necessidade da vida moderna, num vício. Algumas pessoas não sabem quando parar nem o que fazer para não abusar da confiança dos que inocentemente lhes deram o endereço de *e-mail*.

Apesar de não admitirem a formalidade – e a extensão – das mensagens "*off-line*", as mensagens eletrônicas também merecem atenção.

Aqui vão algumas dicas para fazer de você um internauta sempre elegante:

- Não se esqueça de incluir palavras de saudação (pelo menos na primeira mensagem do dia para aquela pessoa) e despedida em seus *e-mails*. Muita gente, empolgada com a informalidade e a agilidade da ferramenta, acaba se comunicando de forma lacônica – o que pode ser encarado, por quem recebe, como uma tremenda falta de educação.

- ✔ Guarde essa comunicação excessivamente lacônica para os *chats* ou para os amigos íntimos.
- ✔ As palavras mágicas (por favor, obrigado etc.) devem estar presentes em todos os seus *e-mails*.

🔊 Evite o *spam*: propagandas, boatos, campanhas de ajuda (normalmente falsas), correntes, piadas etc. Não tem desculpa, eles são uma chateação. Ponto.

- ✔ Até mesmo as mensagens de "bom dia", "dia do amigo", "você é especial" etc. podem irritar quem as recebe, principalmente naqueles casos em que o remetente só envia esse tipo de mensagem, mas nunca dedica um tempinho para escrever algo pessoal, cultivando verdadeiramente a relação de amizade.

🔊 Evite escrever em maiúsculas, ou parecerá que está gritando com o destinatário.

- Lembre-se de preencher o campo "assunto", mesmo em *e-mails* para amigos mais íntimos. Essa é uma forma de agilizar a comunicação.

- Os *blogs* e comunidades *on-line* são ferramentas mais novas que os *e-mails* e por isso demandam ainda mais bom senso na hora de usá-los – seja de quem os publica, seja de quem deixa comentários. Apesar de funcionarem como um diário pessoal, é preciso levar em consideração que eles normalmente são abertos a quem quiser acessá-los. Então:

  ✔ Não dê detalhes da vida de outras pessoas. Não preservar sua privacidade é uma escolha sua; a privacidade dos outros, não.

  ✔ Cuidado com os comentários que faz. Por mais inocentes que lhe pareçam, aos olhos dos outros eles podem ser preconceituosos ou tendenciosos.

- Ao usar ferramentas de comunicação instantânea *on-line*, como o MSN, lembre-se:

- Aqui o uso de abreviações é mais livre, mas não exagere! Fique atento à pontuação, ortografia etc.
- É muito importante respeitar quem está do outro lado, ou seja, se a pessoa aparece com o *status* "ocupado", "ausente" ou qualquer outro que indique que ela não está querendo papo, não force a barra. Só entre em contato se for algo urgente.
- Se está se comunicando com vários usuários ao mesmo tempo, atenção redobrada sobre o que diz para cada um. Já vi gente cometer gafes muito feias.

@ ETIQUETA EMPRESARIAL

Uma das coisas mais importantes para se lembrar é que, ao utilizar uma conta de *e-mail* comercial, é preciso agir de forma profissional — seja você funcionário, seja proprietário. É a imagem da empresa que está em jogo, não só a sua. Outra coisa: você pode e deve ser um pouquinho mais formal, evitando gírias e abreviações.

- ✔ Evite o uso da conta comercial para enviar e receber *e-mails* pessoais. Se o fizer, limite-se ao necessário, e não esqueça que as mensagens que você envia e recebe podem estar sendo monitoradas.
- ✔ Enviar *spams* através de seu *e-mail* comercial está absolutamente proibido. Nada de piadinhas, correntes, concursos etc.
- ✔ Suas mensagens ficarão com uma cara muito mais profissional e receptiva se você criar um rodapé com seus dados. Nome completo, área de atuação e/ou cargo e telefones de contato são os básicos. Pode incluir o endereço comercial, também. Esse rodapé funciona como um cartão de visita.
- ✔ Não adicione *emoticons* ou outras "gracinhas" a seus *e-mails* profissionais.
- ✔ Releia suas mensagens antes de enviá-las, para evitar erros de ortografia ou de construção de frases.

- Seja comedido com o uso da indicação de urgência nas mensagens. Só use quando for realmente necessário. Algumas pessoas fazem dessa ferramenta algo tão rotineiro que ninguém mais leva a sério a urgência imposta por elas.
- A Internet pode ser uma excelente ferramenta de *networking*, desde que usada com inteligência. Manter-se em comunicação com sua rede de contatos não significa enviar mensagens coletivas todas as manhãs para dizer "bom dia" ou "lembrei-me de você". Opte por mensagens de cunho mais pertinente enviadas ocasionalmente — por exemplo, falando de uma reportagem ou *site* que você viu e fez com que se lembrasse daquela pessoa, desde que isso seja genuíno, claro.
- Cuidado com solicitações de confirmação de recebimento, outra ferramenta normalmente mal utilizada. Antes de pedir confirmação, pense se ela é

relevante para aquela mensagem – por exemplo, se existe um cronograma em que alguma etapa depende de algo relacionado àquela mensagem.

✓ Enviar *e-mails* para seu vizinho de baia, de sala ou até de andar é o cúmulo! Esse é o tipo de atitude que desperdiça tempo e consequentemente diminui a produtividade – a sua e a do outro, que terá de responder. Telefone ou levante-se e dê-se o "trabalho" de falar com o outro.

✓ Procure responder rapidamente a quem lhe manda *e-mails*. Lembre que esse tipo de comunicação é extremamente rápido e as pessoas se frustram facilmente com demoras injustificadas.

✓ Caso o acesso a sua caixa postal esteja restrito por algum motivo (férias, viagens, reuniões fora do escritório etc.), não hesite em utilizar a resposta automática, avisando quando retornará e indicando, se possível, alguém que possa ser contatado em seu lugar.

O telefone fixo, esse incompreendido

Até usando o telefone fixo dá para errar. As dicas a seguir ajudam você a usar esse aparelho de forma educada e simpática.

Quando você liga:

- Se vai ligar para a casa de alguém, mesmo um amigo mais íntimo, preste atenção nos horários.

  - ✔ Apesar de algumas pessoas recomendarem ligações entre as 9 e as 22 horas, eu particularmente recomendo que sejam feitas entre as 10 e as 12 horas e entre as 14 e as 20 horas. Você não corre o risco (ou o diminui) de acordar a pessoa, tirá-la da mesa, roubar um tempo que ela gostaria de ter para relaxar e/ou curtir a família.

  - ✔ Se a ligação é no fim de semana, tente fazê-la após as 11 horas.

  - ✔ Existem os "horários sagrados", em que muita gente não gosta de ser incomodada.

Eles incluem o período das refeições e (pasme!) o horário da novela – que acaba incluindo o telejornal da noite.

- Faça suas saudações ("bom dia", "boa tarde", "olá" etc.), identifique-se e somente depois diga com quem quer falar ou peça ("por favor") para chamarem a pessoa.
  - ✔ Evite começar diretamente com "Quem está falando?", "Quem é?", "O fulano está?".
  - ✔ Evite o "Adivinha quem é?", principalmente se você não é íntimo da pessoa.
  - ✔ Não diga que quem quer falar é "um(a) amigo(a)", sempre se identifique claramente.
- Também vale perguntar se a pessoa pode atendê-lo naquele determinado momento.
- Secretária eletrônica (vale para a do celular também): não precisa ter medo dela. Quando deixar sua mensagem, seja objetivo e claro:
  - ✔ Identifique-se, diga a data e o horário e deixe um número para retorno.

- ✔ Cuidado com as indiscrições – nunca se sabe por quem sua mensagem será ouvida.
- ✔ Uma mensagem já é o suficiente. Evite entupir a secretária de recados.

@ ETIQUETA EMPRESARIAL

- ✔ Sempre faça suas saudações ao ligar (substitua o "alô" por um "bom dia", por exemplo; é muito mais elegante) e se identifique, dizendo seu nome (sobrenome é opcional e indicado quando é o primeiro contato) e o nome de sua empresa.
- ✔ Se vai deixar recado na secretária ou com alguém, além dos dados de identificação, se possível adiante o assunto.
- ✔ Se ligou para alguém, não deixe a pessoa esperando do outro lado da linha – é extremamente deselegante. Você é o interessado em falar com ela, então se mostre como tal.

✔ Se o interesse em falar com alguém é prioritariamente seu, não peça para ele retornar. Não transfira a responsabilidade do contato:

- principalmente quando é alguém que você não conhece ou com quem tem pouca intimidade;
- e você está tentando vender algo para ele — seja um produto, um projeto, uma ideia, qualquer coisa.

Quando você atende:

- Evite fazer da pergunta "Quer falar com quem?" sua primeira frase ao atender o telefone. Responda saudando quem está do outro lado.
- Se a pessoa ao telefone não se identificou e quer falar com alguém que não está, evite pedir que ela se identifique antes de avisar da ausência. Você vai causar a impressão de que o outro está, mas não quer atendê-la.

- Quando vai pedir que alguém se identifique, evite o "Quem deseja?".
- Se tem visitas em casa, evite se prolongar ao telefone.
- Se precisa interromper a conversa por algum motivo, não deixe o outro esperando uma eternidade. Caso você saiba que vai demorar, peça para ele retornar depois, com mais calma.

@ ETIQUETA EMPRESARIAL

✔ Ao receber telefonemas em seu ramal, sempre substitua o "alô" por seu nome. Além disso, você pode identificar a área em que trabalha.

✔ Se existe apenas um número geral para todos, atenda identificando a empresa, depois diga seu nome e faça uma saudação.

✔ Evite atender com "um momento" e deixar o outro esperando para sempre. Nesse caso, é melhor deixar que a secretária eletrônica entre em ação.

- Por falar nela, lembre-se de checá-la com frequência – e de retornar os recados, claro.

✔ Procure retornar seus recados no mesmo dia.

- Se você vai passar o dia fora, sair em férias ou se ausentar do escritório por algum motivo, procure direcionar suas ligações para alguém, ou deixe um recado na secretária explicando a situação e indicando a melhor opção para quem liga (contatar outra pessoa, esperar seu retorno etc.).

✔ Evite prolongar-se em ligações de cunho pessoal.

✔ Evite divulgar seu número de telefone comercial para todo mundo, restrinja-se aos mais próximos – e não se intimide em colocar limites quando ligações pessoais (muitas vezes indesejadas) chegam a você em seu local de trabalho.

✔ Cuidado com o tom de voz com que atende o telefone – ninguém precisa saber que você está de mau humor ou com raiva do chefe.

Cartão de visita: sua imagem impressa

Os cartões de visita podem ser sociais ou profissionais e são uma forma elegante e útil de ajudar você a criar uma rede de relacionamentos e se manter em contato com ela. Uma série de regrinhas e dicas ajuda a fazer melhor uso dos cartões, que são sua imagem impressa em papel – por isso, capriche ao confeccioná-los e usá-los!

A seguir você confere as dicas:

- Sempre os carregue em porta-cartões (de couro ou metal, preferencialmente), evitando que se amassem ou sujem.
- Atualize-os sempre que necessário. Nada de ficar carregando cartão antigo e riscando números ou endereços ao entregar.
- Nunca dobre a pontinha do cartão.
- Os cartões demonstram gentileza e valorização do outro, pois sinalizam que você quer manter contato. De-

monstram também organização. Por isso é tão importante tê-los com você o tempo todo.

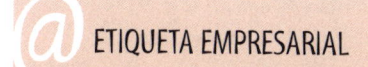

ETIQUETA EMPRESARIAL

Como deve ser seu cartão profissional:

- Simplicidade é a palavra-chave. Não quer dizer que ele deva ser sem graça; você pode usar a criatividade, mas sem exagerar.
  - ✔ O cartão deve ser um reflexo de sua área de atuação, cargo e empresa.
  - • Se você trabalha em empresas onde a seriedade impera, seu cartão deve ser clássico e sóbrio.
  - • Se trabalha numa área em que a criatividade é que conta, uma dose dela é interessante — mas nada de cartões tão criativos que ninguém mais entende, a não ser quem o criou.

- **❗** O formato do cartão profissional é igual para homens e mulheres.
  - ✔ Tamanhos: 5 x 9 cm ou 5,5 x 9/9,5/10 cm, sendo o último (5,5 x 10) um clássico.
    - Seu cartão pode ser horizontal – é o padrão, sempre será elegante;
    - ou vertical – só use se atuar numa área ou empresa de ambiente menos formal.
- **❗** Cores:
  - ✔ O branco e o palha escritos em preto ou grafite são os mais clássicos, e também os mais simples.
  - ✔ Outras cores podem ser utilizadas, mas com cuidado e parcimônia, principalmente se sua área não tem nada a ver com criatividade.
- **❗** O papel e a impressão devem ser de qualidade. Isso significa que:
  - ✔ Os impressos em casa devem ser evitados, e os feitos em gráfica rápida nem sempre dão

o melhor resultado; prefira as gráficas tradicionais.

✔ O papel deve ser espesso (no mínimo 220 g/m²).

✔ Quer utilizar papel reciclado? Se a programação visual permite, aproveite. Ele mostra sua
preocupação com o meio ambiente – um sinal e tanto de elegância!

- Dados a colocar (sempre atualizados):

✔ nome da empresa (e logomarca, caso haja);

✔ seu nome completo;

✔ cargo (p. ex., gerente de recursos humanos)
ou descrição de sua atividade (p. ex., consultor financeiro);

✔ endereço comercial completo (logradouro, número, complemento, bairro, cidade, estado,
CEP e país, caso conveniente);

• se você é profissional liberal e não tem uma
sede, fica dispensado desse quesito. Com
o advento dos *home offices*, ninguém mais

estranha se não há um endereço comercial no cartão;

✔ o telefone da empresa, ou seu telefone direto, e o fax;

> **Nome da Empresa (logomarca)**
>
> ## Seu Nome
> **Cargo ou atividade**
>
> Av. Higienópolis, 404, sala 8 - Cambuí - São Paulo - SP - 01000-000
> Fone: 00 0000-0000 - Fax: 00 0000-0000
> www.empresa.com.br - seunome@empresa.com.br

- não há necessidade de celular, a não ser que sua empresa faça questão;
- se desejar, você pode escrever a mão seu celular antes de entregar o cartão à pessoa (na frente dela, mostrando que você está lhe dando a liberdade de ligar para aquele número);
- se o celular é seu número comercial, ele obrigatoriamente deve constar no cartão;

✔ o *website* (caso haja) e o *e-mail* (imprescin-
dível).

Como entregá-lo:

❗ Entregue-o nas mãos de quem recebe, com o cartão
virado de frente para a pessoa – facilita a leitura.

❗ De acordo com a ocasião ou com a pessoa com
quem você está interagindo, existe um momento mais indicado para a entrega. É importante tomar cuidado para não demonstrar muita ansie-
dade para entregá-lo, como se o único motivo
daquele contato fosse a troca de cartões.

✔ A entrega no final do encontro, na hora de se
despedir, é a regra geral, mostrando interesse em manter-se em contato.

• Em restaurantes ou à mesa, sempre no final.

✔ A entrega do cartão no início fica liberada nas
seguintes ocasiões:

- em reuniões, facilitando que todos se conheçam e fiquem a par dos nomes e áreas de atuação;
- em contatos com a imprensa, facilitando a vida do jornalista ao oferecer-lhe seus dados completos.

✓ A iniciativa da entrega deve partir do mais graduado, ou seja:
  - do dono do cargo mais alto na hierarquia da empresa ou entre empresas (por exemplo, do gerente para o coordenador, do diretor para o gerente);
  - do cliente para o fornecedor ou prestador de serviço (o cliente é sempre o primeiro na precedência);
  - não se pede o cartão do outro, a não ser que você seja o cliente ou esteja em grau mais alto de precedência;

- quebre o protocolo com sutileza quando for de seu interesse entregar um cartão a alguém que não se ofereceu para entregar o dele a você – naturalidade é a palavra-chave nesse caso. E entregar seu cartão é mais elegante do que pedir o cartão do outro.

Como recebê-lo:

🔊 Leia o cartão assim que o receber, antes de guardá-lo. Isso demonstra seu interesse pela pessoa, principalmente quando é o primeiro contato.

- ✔ Preste atenção no nome e já comece a chamar a pessoa por ele.
- ✔ Depois, guarde-o num lugar onde quem o entregou veja que o cartão está sendo valorizado – nada de jogar na bolsa ou na pasta.

🔊 Sempre que lhe entregarem um cartão, retribua a gentileza – se você não tiver o seu em mãos, escreva seu nome e telefone num papel (o que só é

permitido nesse caso, mas mesmo assim é deselegante).

Linguagem: palavras de sabedoria

A maneira como você fala – o tipo de palavras que escolhe, o tom de voz que utiliza – pode reforçar ou distorcer as mensagens que deseja enviar. Ela pode mudar completamente o que se quer dizer ou a maneira como se é percebido pelo outro. Pode nos fazer soar elegantes... ou não! O assunto que você escolhe e o modo de abordá-lo também.

A conversa social deve ser leve, alegre e inclusiva.

- Evite assuntos que só você ou a minoria do grupo domine.
- Jargões profissionais e expressões ou frases num idioma que ninguém ou a minoria dos presentes domina também geram exclusão. Evite.

✔ As gírias de sua "tribo" produzem o mesmo efeito.

‼ À mesa, o papo deve ser mais leve ainda!

Evite interromper o outro.

Por mais tentador que pareça, evite corrigir o outro.
Só corrija quando ele lhe der carta branca – mas sempre discretamente, nunca na frente de outras pessoas. E, se corrigir, tenha absoluta certeza do que está falando.

@ ETIQUETA EMPRESARIAL

✔ Gírias soam pouquíssimo profissionais. Trate de aboli-las do vocabulário profissional, principalmente quando está fazendo apresentações ou passando por entrevistas de emprego.

✔ Por falar em fazer apresentações (palestras, aulas etc.):
- Nunca as comece desculpando-se por algo, isso tira completamente sua credibilidade.

- Cuidado com as repetições ("né", "tá", "entendeu?", "é", entre outras); elas irritam e distraem sua audiência.
- Falar rápido ou muito baixo demonstra insegurança e timidez, e falar muito alto pode demonstrar desejo de atrair a atenção ou egoísmo.

3 SUA IMAGEM CONTA

O QUE SUA ROUPA DIZ A SEU RESPEITO?

Imagem pessoal também é comunicação, e sua imagem conta ao mundo quem você é. Ela pode ajudá-lo ou atrapalhá-lo, só depende de como você a utiliza. Nosso objetivo é orientá--lo a utilizar a sua da melhor maneira possível.

Códigos de vestir

Eles estão entre as dúvidas mais comuns quando o assunto é não errar na escolha da roupa adequada – são os códigos de vestir que sinalizam maior ou menor grau de formalidade em uma ocasião. É bom esclarecer que eles existem por um motivo – que não é intimidar ou excluir, mas integrar e incluir todos os presentes numa determinada ocasião.

Sempre que você respeita e segue esses códigos, é como se dissesse "Estou de acordo, estou entre iguais". Quando os ignora – de propósito ou porque não os conhece – parece que está dizendo "Não aceito o que está sendo proposto", e de certa forma você se exclui. A decisão de adotá-los ou não é sua.

Em todo caso, da próxima vez que receber um convite especificando o traje com o qual deve comparecer, saberá o que vestir. E, se não estiver especificado, não se aperte; nas descrições a seguir você encontra os tipos de evento mais comuns e o traje correspondente.

Rigor, *black tie,* *habillé* ou *tenue de soirée*

São os nomes usados para indicar a necessidade de um traje (muito!) sofisticado, elegante, requintado, precioso, luxuoso...

Grau de formalidade e sofisticação da ocasião: altíssimo.

Eventos como: premiações importantes (pense no Oscar!), bailes de formatura, entre outros.

Visual masculino:

✔ *Smoking* (calça e paletó preto com lapela acetinada, gravata-borboleta preta e camisa branca) combinado com sapatos pretos de verniz ou de couro liso, de amarrar.

Visual feminino:

✔ *Ida ao salão de beleza*: absolutamente necessária, para cabelo (os presos dão um toque mais formal e adulto à produção, e os soltos devem estar muito bem penteados) e maquiagem completa.

- ✓ *A roupa*: vestidos são mais comuns, mas saias e *tops* preciosos também valem. O comprimento longo é o mais adotado, mas o curto não está excluído (só não exagere). A roupa é feita com tecidos glamorosos, como tafetás, brocados, *shantungs*, *georgettes*, rendas, cetins e tecidos metalizados. Se quiser um visual *sexy*, opte por decotes, transparências ou fendas (escolha apenas um deles e garanta a elegância). Se preferir não se perder num mar de "pretinhos" (sempre elegantes e seguros, há de se convir), aposte em tons mais vivos, porém fechados (mais escurecidos), como rubi, petróleo, carbono, violeta etc. Valem ainda detalhes bordados e pedrarias. Frio? Boleros também de materiais especiais, estolas, peles (valem as falsas, muito corretas ecologicamente!). Opção aos vestidos: o *smoking* feminino – elegante e *sexy*.
- ✓ *Acessórios*: calçados sofisticados – saltos altos e finos, sandálias de tiras delicadas; materiais como o cetim e as pedrarias também são permitidos. Bolsinhas mínimas,

de materiais requintados. Bijuterias de muita qualidade ou joias especiais completam a produção.

Social ou passeio completo

Usados para indicar um traje sofisticado e elegante.

Grau de formalidade e sofisticação da ocasião: alto (pouco menor que o do *black tie*).

Eventos como: jantares e coquetéis muito especiais, comemorações, óperas, casamentos (à noite ou bem no final da tarde).

Visual masculino:

✔ Ternos escuros – opte pelo preto, marinho ou grafite bem escuro e, se quiser, adote a padronagem risca de giz, sempre elegante. Camisa social (para usar com ou sem abotoaduras) e gravata – que tal experimentar uma em tom prata?

✔ Sapato social e cinto pretos.

> 🍸 **Dica:** a maneira mais clássica e à prova de falhas de combinar o terno com as outras peças é: camisa mais clara que o terno e gravata mais escura que a camisa (não necessariamente mais escura que o terno).

Visual feminino:

✔ *Ida ao salão de beleza*: idem ao *black tie*.

✔ *A roupa*: longos não são obrigatórios; valem vestidos na altura dos joelhos ou acima, *tailleurs*, saias e blusas bem luxuosas, terninhos (mais aconselháveis para eventos de negócios) de tecidos sofisticados, como sedas, musselinas, crepes, rendas, tafetás, *shantungs* etc. Fendas e decotes podem ser usados, mas diminua o tom se o evento for de cunho profissional. Bordados e brilhos continuam valendo. Frio? Boleros e casaquetos, golas avulsas ou casacos de pele (ainda voto pelas falsas), xales.

- 💡 **Dica:** fique de olho no que está na moda, assim você pode optar por peças com ar mais moderno. Por exemplo, se os paetês ou lantejoulas são a bola da vez, você pode optar pela bolsinha desse material.
- ✔ *Acessórios*: calçados também requintados, com saltos altos (não esqueça que valem sandálias, e as metalizadas são sempre bons curingas). Bolsinhas continuam mínimas e de materiais elegantes. Bijuterias de muita qualidade ou joias especiais.

Passeio ou *tenue de ville* (traje para a cidade)

E também se o convite disser "esporte fino" – termo incorreto, mas muito utilizado. Indicam a necessidade de um traje um pouco mais relaxado que o de passeio completo, mas ainda aberto a uma dose de sofisticação – até por isso, o *jeans* fica proibido.

Grau de formalidade e sofisticação da ocasião: médio.

Eventos como: almoços, conferências e outros eventos à luz do dia, *vernissages*.

Visual masculino:

✔ Para eventos noturnos, terno escuro ou médio (um grafite médio é perfeito!) e gravata. Durante o dia, pode-se usar o terno em tons médios ou claros com gravata (para eventos mais requintados, como casamentos pela manhã ou à tarde); terno claro ou médio, com camisa e sem gravata; *blazer* e calça, usado com ou sem gravata. A opção mais casual, durante o dia, é a calça de sarja, com camisa e *blazer*.

✔ *Sapatos*: sociais ou mocassins de boa qualidade, cinto de couro. Fica liberado o tom marrom-escuro, além do preto.

Visual feminino:

✔ *Ida ao salão de beleza*: aconselhável, mas os cabelos bem alinhados e uma maquiagem discreta já ajudam.

- ✔ *A roupa*: peças bem estilosas – vestidos (aproveite os modelos que estão em alta na temporada), terninhos e *tailleurs* (ótimos para eventos profissionais), pantalonas, calças, saias, blusas, camisas, *blazers*, túnicas, batas. Os tecidos vão do algodão e da viscolycra à seda, jérsei, veludo, gabardine e tricô de tramas fechadas. Para a noite, ficam liberados um pouco de brilho, decotes moderados e até um toque de transparência (os dois últimos, somente em eventos que não sejam profissionais).
- ✔ *Acessórios*: saltos altos e médios, bolsas médias ou grandes para o dia e pequenas para a noite, bijuterias de boa qualidade, lenços e echarpes.
  - **Dica:** você pode usar sapatos ou sandálias de couro metalizado mesmo durante o dia (aproveite quando estão em alta), coordenados com peças de tecidos opacos – e, se optar pelo calçado metalizado, evite adotar o mesmo material para a bolsa.

Esporte

Não se engane: apesar de o nome sugerir casualidade, traje esporte não significa desleixo. Esqueça a roupa que usa para ficar em casa, ir à academia etc. O que vale é descontração, não descaso.

Grau de formalidade e sofisticação da ocasião: baixo, impera a casualidade.

Eventos como: almoços com amigos, exposições, aniversários infantis, batizados, churrascos.

Visual masculino:

✔ Calças de sarja, brim, gabardine ou *jeans*, camisas esportivas, tricôs e até polos. Frio? Jaquetas, *blazers* mais esportivos (de couro ou veludo, por exemplo) e suéteres resolvem seu problema.

✔ *Sapatos:* esportivos (valem solados mais pesados e de borracha), mocassins, modelos abotinados e sapatênis.

Visual feminino:

✔ *Ida ao salão de beleza*: dispensável, mas o *look* bem cuidado continua bem-vindo.
✔ *A roupa*: vestidos nos joelhos ou curtos, saias, blusas, batas, túnicas, *jeans*, calças capri, bermudas nos joelhos ou logo acima, terninhos mais esportivos. Peças feitas de brim, algodão, tricoline, crepe, viscolycra, tricôs de tramas fechadas ou abertas etc. Fendas e decotes podem ser usados com moderação (e desde que o evento não seja profissional).
  ▪ **Dica:** abuse das peças que estiverem em alta na estação.
✔ *Acessórios*: saltos médios ou baixos, anabelas, sandálias, sapatilhas, botas. Bolsas médias ou grandes, que podem ser de tecido, palha, couro bem molengo — ou seja, materiais mais esportivos. Bijuterias da estação completam o visual.

@ ETIQUETA EMPRESARIAL

Infelizmente, nem sempre encontramos códigos de vestir explícitos para todas as ocasiões. Por isso mesmo, é justamente nesses momentos que os erros (inclusive os mais graves) são cometidos. Por exemplo, se uma empresa adota o *look* casual e não explica a seus funcionários o que pode e o que não pode (situação que normalmente é regra, e não deveria ser), cada um vai interpretar de um jeito: alguns vão trabalhar de chinelos, outros de *jeans*, tênis e camiseta, outros, mais prudentes, usarão um *blazer* sobre calça *jeans* escura, e assim por diante. Na sequência, você encontra dicas do que é melhor adotar ou evitar em diversas situações que não vêm com manual de como se vestir.

Tipos de ambiente de trabalho

Vamos classificá-los em relação ao grau de formalidade e falar um pouco sobre o que vestir se você já trabalha ou pretende trabalhar num desses ambientes. Aqui você encontra as regras gerais, pois existem algumas áreas de atuação ou tipos de empresa que são tipicamente mais ou menos formais – é importante saber que essas regras podem variar, mas esteja ciente de que você corre menos riscos seguindo-as.

‼ Dica: se você trabalha visitando clientes, esteja sempre vestido no mesmo nível de formalidade que eles, ou até acima. Por exemplo, se o código de vestir da empresa do cliente é formal, vista-se de acordo com o muito formal – isso ajuda a projetar credibilidade. A mesma dica vale para quando você vai a uma entrevista de emprego.

Muito formal:

✔ *Exemplos típicos*: ambientes sisudos, onde a seriedade reina absoluta. Escritórios de advocacia (principalmente os mais tradicionais) e finanças, área executiva de grandes bancos (não estamos falando dos caixas de atendimento) e áreas financeiras.

✔ *Elas*: modelos clássicos de terninhos e *tailleurs* de cores escuras (preto, marinho, grafite, marrom-chocolate), lisos ou risca de giz, de corte estruturado (nada de peças molengas). Por baixo, camisas de cores discretas (a branca é um clássico). Sapatos fechados (nada de sandálias), de preferência de salto, de couro. Bolsas e pastas estruturadas, de couro liso e cores neutras e discretas. Evite texturas aparentes e estampas marcantes (estas devem ser muito discretas). Acessórios comedidos e mais clássicos.

✔ *Eles*: ternos de cores escuras (preto, marinho e grafite), lisos ou risca de giz, de corte estruturado (não às peças molengas) e modelos clássicos (nada de inventar, por exemplo, com lapelas exageradas ou gola mao). Por baixo, camisas claras (a branca é um clássico) e gravatas mais sóbrias —

as lisas são as mais formais. Sapatos sociais e cintos pretos – não use outra cor – de couro lustroso. Pasta mais estruturada, de couro preto e lustroso, arremata o visual.

Formal:

✔ *Exemplos típicos*: empresas cujo código de vestir é explicitamente formal, grandes empresas de consultoria, executivos da área jurídica e de finanças de grandes empresas, consultores da área financeira, executivos da área de atendimento ao cliente. O clima ainda é de seriedade, mas de menos sisudez.

✔ *Elas*: terninhos e *tailleurs* de tons médios ou escuros (preto, marinho, grafite, marrom-chocolate, café, cinza-médio); valem os lisos, risca de giz ou com texturas discretas, de corte estruturado (ainda, nada de peças molengas). A modelagem pode ser um pouco mais moderna, com alguns detalhes interessantes. Por baixo, camisas e blusas de cores um pouco menos sisudas, porém discretas – valem estampas mais sóbrias. Sapatos fechados, de preferência de salto. Bolsas e pastas estruturadas, de couro lustroso e cores discretas. Bijuterias continuam contidas; se quiser usar algo grande, opte por apenas uma peça maior (um anel seria perfeito, mas nunca colares ou brincos, pois distraem seu interlocutor).

✔ *Eles*: ainda vale a combinação terno escuro, camisa clara e gravata discreta. Além deles, os ternos de tons médios (de cinza, por exemplo) ou até os claros, no verão ou se sentir que o clima é ou está mais descontraído. Texturas e padronagens muito discretas são permitidas. Dica: quanto mais claro o terno, menos texturas ou padronagens, assim ele fica mais sério. O corte continua estruturado. Camisas claras e discretas, mas podem ser mais alegrinhas (ex.: lilás ou rosa bem sóbrios).

As gravatas admitem um pouco mais de arrojo também. Sapatos sociais e cinto de couro preto lustroso só não valem para terno bege; nesse caso, opte por marrom bem escuro. A pasta pode ser um pouco menos estruturada.

Smart casual: um pé no formal e outro no casual

✔ *Exemplos típicos*: muitas multinacionais, empresas de grande porte e escritórios de contabilidade se encaixam aqui, entre outros. O clima é mais descontraído, e os profissionais menos expostos à presença de clientes. O *jeans* normalmente não é permitido, ou só o modelo mais clássico e escuro (usualmente às sextas-feiras).

✔ *Elas*: ainda valem os terninhos, mas de tecidos um pouco mais esportivos ou com texturas e padronagens para quebrar a sisudez. Modelagens mais modernas e até menos estruturadas. Vale usar o *blazer* de um com a calça de outro, calças ou saias de alfaiataria combinadas com camisas ou blusas, jaquetas de tecidos de alfaiataria. Cores mais vibrantes aparecem em detalhes do visual – nunca predominando. Evite estampas gritantes, engraçadinhas ou românticas. Bolsas de couro mais flexível, de cores variadas. Sapatos preferencialmente fechados; valem saltos mais baixos (como mocassins e sapatilhas). Bijuterias podem ficar um pouco mais marcantes (sem exagero) – use-as para dar um toque de cor a seu visual.

✔ *Eles*: ternos claros ou médios, de modelagem mais moderna, sem gravata; *blazers* avulsos com ou sem gravata. Calça de alfaiataria com camisa social; se optar por calça de sarja (tecido supercasual), combine-a com um *blazer*. As cores são mais alegres, você pode abusar de texturas e padronagens discretas (camisa listrada é um curinga). Os sapatos são sociais ou mocassins de boa qualidade, cinto de couro. Fica liberado o tom marrom-escuro.

- *Dica para eles e elas*: o truque para não errar é sempre combinar elementos casuais com elementos formais, nunca excluir nenhum dos dois por completo ou optar por extremos. Por exemplo, se a roupa é escura, o modelo pode ser mais descontraído e o corte menos estruturado; se optar por calça de sarja, dê preferência a tons mais escuros e combine-a com um *blazer*, e assim por diante.
- Elementos formais: cores escuras e neutras, tecidos e couro lisos, metal liso e escovado, tramas bem fechadas (textura muito lisa), corte estruturado, formas retas.
- Elementos casuais: cores médias, claras ou vivas, estampas, couro rústico, camurça, plástico, acrílico, madeira, tramas abertas (texturas mais marcantes), corte desestruturado, formas suaves e arredondadas, modelagens mais modernas.

- Dois detalhes que identificam um *blazer* masculino mais moderno são o comprimento menor (a diferença de comprimento entre a manga e a barra do *blazer* é pequena, cerca de dois dedos) e o corte mais ajustado ao corpo (inclusive a largura das mangas).
- Calças masculinas de preguinhas são bem caretas, assim como camisas retas e longas para as mulheres.

Casual:

✔ *Exemplos típicos*: profissionais de comunicação e *marketing*, muitas multinacionais, organizações de médio e pequeno porte, empresas familiares, lojas, indústria da moda, agências de publicidade ou *design*, redações, empresas de tecnologia, escritórios de arquitetura, entre outros. Os ambientes variam em descontração, mas são bem mais soltos que os anteriores – e a informalidade reina. Aqui os desafios são:

1. parecer crível e profissional aos olhos dos clientes;
2. não cair no desleixo;
3. não desaparecer no meio de roupas e acessórios chamativos demais, criativos demais, distrativos demais (a roupa nunca deve chamar mais atenção que o profissional).

✔ *Elas*: pode o terninho bem modernoso, de tecidos esportivos; calças, saias, pantalonas, camisas e blusas também de tecidos mais esportivos (*jeans* escuro, algodão, tricoline etc.). Vale combinar peças de alfaiataria com peças bem casuais – por exemplo, saia *jeans* com jaqueta de tecido de alfaiataria. As cores podem ser mais alegres, as peças menos estruturadas, os acessórios mais interessantes, mas lembre-se de que você é que é o foco.

- ✔ *Eles*: modelagens mais modernas e interessantes, tecidos mais esportivos. Vale *jeans* usado com peças de alfaiataria ou camisas alinhadas, calças de sarja com camisa, *blazers* de veludo, lã ou gabardine, sapatos esportivos, mocassins. No caso dos tênis, só os muito estilosos e discretos (nunca usados com a dupla *jeans* e camiseta, pois fica infantil e previsível).

  - ❗ *Dica para eles e elas*: o truque para não errar aqui é o mesmo do ambiente *smart casual*: combinar elementos casuais e formais, só que pendendo um pouco mais para a descontração.

O que nunca deve entrar no ambiente de trabalho

As dicas a seguir também valem para as entrevistas de emprego.

Qualquer coisa que apele para a sensualidade ou a vulgaridade:

- ✔ *Elas*: decotes, fendas, ombros ou barriga de fora, sandálias de tiras finas e salto altíssimo, rasteirinhas de dedo ou muito abertas, roupas curtas e/ou transparências.
- ✔ *Eles*: calças justas, camisas abertas ou decotes mais baixos (só desabotoe o primeiro botão da camisa), camisas de tecidos transparentes e/ou camisetas justas.

Tudo que projete a impressão de descuido e falta de atenção a detalhes:

- ✔ cabelo despenteado, sujo ou por cortar;
- ✔ unhas malcuidadas;
- ✔ peças de roupa desbotadas, rasgadas, descosturadas, ou seja, precisando de qualquer tipo de manutenção;

- ✔ perfume forte;
- ✔ roupa amassada ou que amasse facilmente;
- ✔ *elas*: maquiagem forte ou cara completamente lavada, cabelo por tingir;
- ✔ *eles*: barba por fazer, cabelo por cortar, pelo do peito aparecendo.

Tudo que demonstre casualidade excessiva, afinal você quer projetar disposição e profissionalismo. Evite:

- ✔ peças do guarda-roupa de balada, *jeans* rasgado ou desbotado, bermudão, botina, a dupla tênis e camiseta (o fim de semana já acabou!);
- ✔ estampas muito marcantes ou engraçadinhas;
- ✔ peças excessivamente desestruturadas (molengas) – elas dizem "preguiça", causam a impressão de fraqueza e pouco poder de decisão, e você não quer isso, principalmente em entrevistas e apresentações;

- ✔ elas:
  - excesso de acessórios, acessórios que fazem barulho ou ficam balançando (principalmente quando você está fazendo apresentações ou em uma entrevista de emprego), bolsas de plástico (do tipo sacola de praia);
  - brilhos e pedrarias;
  - vestidos floridos ("Estou em férias!" é o que eles dizem), babados e rendinhas (um ou outro detalhe muito pequeno até vale, mas é só);
  - estampas infantis;
- ✔ eles:
  - meias brancas com sapatos sociais. As meias devem ser da cor da calça ou, como segunda opção, da cor dos sapatos;
  - camisetas de bandas ou engraçadinhas;
  - gravatas engraçadinhas (aliás, elas deveriam ser queimadas em praça pública!).

Tudo que faça você aparecer demais ou de menos:

- ✔ peças de cores muito fortes e brilhantes, ou um visual tão neutro que você acaba desaparecendo;
- ✔ estampas enormes e marcantes;
- ✔ acessórios gigantescos ou barulhentos.

Evite também as roupas desconfortáveis (curtas, apertadas, que pinicam etc.). Elas tiram seu foco do trabalho.

Evite estrear roupas e sapatos quando você tem uma apresentação importante ou uma entrevista de emprego. Você nunca sabe como eles vão se comportar (se o sapato vai apertar, se a camisa vai pinicar etc.).

4 APRESENTAR, CONVIDAR, HOSPEDAR E PRESENTEAR

ATOS DE ELEGÂNCIA, GENEROSIDADE E INCLUSÃO

Apesar de muita gente não dar importância a esses rituais tão rotineiros, é preciso pensar que eles são simples formalidades. São relevantes à nossa vida na medida em que, por exemplo, a partir deles, redes de contato se formam e relacionamentos duradouros se iniciam e se sustentam. Saber como se comportar de forma positiva e elegante nesses momentos é crucial.

Apresentações

São um importante ato de inclusão. Pratique sempre!

Ao parar para conversar com alguém que acabou de encontrar, seja no *shopping*, na rua, na saída do cinema etc., sempre apresente a pessoa que está com você. É muito desagradável para seu acompanhante ficar feito estátua enquanto a conversa rola.

● Mesmo que seja seu cônjuge, namorado(a), irmão etc., apresente a pessoa pelo nome. Nada de só dizer "Fulano, esta é minha esposa".

Ao apresentar

Existem precedências que determinam quem são as pessoas de maior "importância" (não gosto de falar assim, mas essa distinção nos ajuda a dar uma sequência às apresentações). Digamos que existe uma "preferência", e a partir dela determinamos quem deve ser apresentado a quem, quem decide se estende a mão, se dá beijinhos etc. A pessoa que não tem a "preferência" é sempre apresentada à que tem (da menos "importante" à mais "importante").

- Os mais velhos sempre têm a "preferência", depois as mulheres. Por isso, sempre se apresenta, por exemplo, a criança ou o adolescente ao adulto; o homem à mulher: "Elisa, esse é o Caio".

@ ETIQUETA EMPRESARIAL

✔ O cliente é sempre mais "importante"; por isso, qualquer profissional (mesmo o presidente) é apresentado a ele.

- ✔ O profissional de cargo mais baixo na hierarquia da empresa é apresentado ao de cargo mais alto. Por exemplo, o gerente a um diretor.
- ● No caso de diretores e presidentes, apresente-os indicando o cargo antes do nome.

Por ser um momento de inclusão, ao fazer apresentações sempre diga os nomes claramente (pode incluir os sobrenomes em ocasiões mais formais) e, sempre que possível, adicione alguma característica, interesse comum ou coincidência que contribua para o início de uma conversa entre os que estão sendo apresentados.

🎗 Há quem reclame que apresentações assim são mecânicas e até muito formais para momentos descontraídos, como uma reuniãozinha entre amigos. Então, se sentir que não soarão naturais, não as faça — mas tenha o cuidado de ficar um pouquinho por perto e garanta um início de conversa.

No barzinho, no restaurante, na festa, na reunião com amigos:

- 😊 o recém-chegado é apresentado ao grupo;
- 😊 a apresentação é feita a distância e não há necessidade de apertos de mão ou beijinhos em todo mundo.

Ao ser apresentado

Substitua o "Muito prazer" ou "Prazer" por "Como vai?" ou "Tudo bem?". No mínimo soa mais moderno.

- 😊 Aproveite para repetir o nome da pessoa a quem está sendo apresentado, já buscando memorizá-lo. Isso ajuda a evitar, mais tarde, o temido "Como você se chama, mesmo?".

A iniciativa de estender a mão ou dar beijinhos é sempre do mais "importante" – rapazes, cabe às moças decidir se vocês ganham beijinhos ou não! Aqui a precedência é a mesma que a indicada no início do capítulo.

Não beije nem estenda a mão a quem está à mesa, a não ser que a pessoa o faça.

No barzinho, no restaurante, na festa, na reunião com amigos:

- 😊 O homem deve se levantar para cumprimentar a todos. Já as mulheres, somente para cumprimentar senhoras mais idosas.
  - ✔ Se a refeição está servida, ninguém se levanta; um sorriso bem simpático já basta.
- 😊 O anfitrião sempre se levanta para cumprimentar seus convidados, e vice-versa.

Num ambiente profissional ou muito formal, nada de cumprimentar com beijinhos.

Viva a empatia: ajude o outro a sair da saia justa... ou nem entrar nela

Uma gafe muito, muito comum é não lembrar nomes. Seja na hora de apresentar uma pessoa a outra, seja cinco minutos ou uma semana após ter sido apresentado a alguém. O pior é que essa falha de memória é quase a regra, e não a exceção. Assim sendo, o poder de evitar a gafe está nas mãos de quem teve o nome esquecido. Se essa pessoa for você, ajude a outra.

Na hora da apresentação: quando perceber que deu um branco no outro, não o torture com frases do tipo "Esqueceu meu nome?". Antes mesmo de ele ter de confessar o lapso, diga seu nome (como se estivesse se apresentando).

 E se o outro precisou lhe perguntar, não se mostre (e não se faça de) ofendido. Ao contrário, alivie o outro, dizendo: "Não se preocupe, às vezes acontece comigo", e continue o papo naturalmente.

Após a apresentação ou num futuro reencontro: ajude a pessoa a lembrar-se de seu nome, incluindo-o em algumas frases – por exemplo, "Aí você me pergunta: 'Paula, o que você...'" ou "Então ela me disse: 'Marcelo, você precisa...'".

Convidando e sendo convidado

Do ponto de vista do anfitrião, todo evento bem-sucedido, do mais simples ao mais formal, começa pela maneira correta de convidar. E, para o convidado, pela maneira mais elegante de aceitar – ou recusar – o convite.

Tipos de convite

Com o advento do *e-mail*, convites manuscritos ou impressos estão ficando cada vez mais distantes de nosso dia a dia, principalmente quando o evento não é tão formal. É por isso, também, que receber um convite que não venha por *e-mail* está ficando cada vez mais gratificante.

Os manuscritos são indicados para reuniões menores, dão um leve toque de formalidade e transmitem uma imagem de carinho e dedicação ao convidado.

O convite feito por *e-mail* é mais adequado para reuniões íntimas e casuais. Evite-o no caso de festas maiores – nessas ocasiões, ele pode ser usado como um reforço ao convite impresso.

O convite impresso (mais frio que o manuscrito) é mais adequado para reuniões maiores, quando o número de convidados é superior a 25 pessoas, por exemplo.

☺ Ele deve ser impresso em papel de boa qualidade, com gramatura de 120 g/m^2 ou acima disso.

Convites feitos por telefone ou pessoalmente são ideais para reuniões bem íntimas e casuais.

Outras observações:

☺ Para convites impressos ou manuscritos, o uso do papel reciclado faz bonito!

☺ Sempre que possível, inclua um mapa do local e a melhor maneira de chegar.

☺ Pedir confirmação de presença (ou, pelo menos, de ausência) ajuda na organização. Não é frescura.

   ✔ Nos convites impressos, podem-se usar as seguintes siglas no final (no canto inferior direito, por exemplo):

      ● R.S.V.P.: "Répondez s'il vous plaît" (Responda, por favor). Pede a confirmação da presença ou ausência do convidado, que deve ligar sempre.

      ● R.O.: "Refuses only" (Apenas recusas) ou "Regrets only" (Apenas desculpas), que é menos usado, mas é bastante prático para quem recebe. Indica que o convidado deve confirmar apenas a ausência; se for ao evento, não precisa ligar confirmando.

- Junto à sigla escolhida, coloque o número do telefone para contato.

✔ Quando um convidado liga dizendo que não poderá ir, lamente o fato e só. Nada de perguntar o motivo ou ficar insistindo alucinadamente.

☺ Se a reunião é superíntima e alguns convidados oferecem ajuda, ela pode ser aceita. Só não abuse.

☺ Não é pecado estabelecer que o evento não será para toda a família, mas somente para os adultos. Deixe isso claro no convite.

✔ Nesse caso, antecedência é importante para que os convidados que têm filhos possam se planejar.

✔ Caso algum pai peça para levar os filhos simplesmente porque quer levá-los, explique que não gostaria de abrir exceção. Se o pedido acontecer porque não há outra opção, aceite.

@ ETIQUETA EMPRESARIAL

No ambiente profissional, você pode fazer o convite por qualquer um dos métodos anteriores, sempre de acordo com a ocasião.

- ✔ Peça confirmação e, independentemente disso, mande um *e-mail* alguns dias antes ou faça um telefonema relembrando o evento.

- ✔ Se for convidar por telefone ou *e-mail*, evite fazê--lo através de sua secretária ou de qualquer outra pessoa da equipe. Se você é o anfitrião, a responsabilidade de convidar é sua. Se o convite é para um evento da equipe, pode estar assinado por esta (por exemplo, Equipe de Marketing Direto).

Antecedência para convidar

É importante evitar tanto os convites de última hora (só valem para amigos íntimos) como os feitos com grande antecedência (as pessoas se esquecem deles).

Para eventos mais íntimos (jantares e almoços em sua casa, por exemplo), um prazo de cinco a sete dias de antecedência já é suficiente.

Para eventos maiores (festas de aniversário, batizados etc.), um período de dez a quinze dias é o indicado.

Para casamentos e bodas, o ideal é uma antecedência de pelo menos trinta dias.

Recebendo o convite

Procure responder com rapidez. O ideal é ligar para confirmar e agradecer, mesmo quando não solicitada a confirmação. E se você tem alguma dúvida quanto ao evento, aproveite para solucioná-la por meio desse telefonema.

- Ao ligar para dizer que não poderá comparecer, evite ficar dando explicações. Se o anfitrião perguntar, diga que tinha um compromisso marcado previamente e encerre o assunto.

Os atrasos tolerados são de quinze a trinta minutos. Evite mais que isso e sempre avise quando for se atrasar mais.

Não estranhe se receber um convite especificando a hora para iniciar e acabar o evento. Esse tipo de convite é mais comum entre americanos e europeus, mas pode ser usado por aqui também.

Se você tem uma vida social agitada e recebe vários convites simultaneamente, a melhor coisa a fazer é selecionar os eventos aos quais vai comparecer. Evite a tal "passadinha". Recepcionar dá trabalho, então mostre que reconhece o esforço do anfitrião e vá para realmente prestigiá-lo. Essa

coisa de aparecer, dizer "oi" e partir é muito de-
sestimulante para quem convida.

Quando a reunião é mais íntima, leve uma lembrancinha para os anfitriões. No caso de festas maiores, você pode fazer isso no dia anterior ou posterior.

- 💡 Se resolver levar flores, cuidado com os buquês enormes, que darão trabalho à anfitriã para arrumar.
- 😊 Ligar no dia seguinte para agradecer e elogiar também é muito delicado. Enviar um *e-mail* é outra maneira simpática de agradecer.

Nada de aparecer na casa dos anfitriões levando um prato preparado ou comprado por você para a ocasião. Isso só é permitido quando faz parte de um acordo prévio entre o grupo. Fora isso, evite. Fica muito chato, porque seus anfitriões provavelmente levaram tempo para preparar o cardápio, escolher as bebidas ideais etc.

☺ Levar uma garrafa de vinho é permitido (e gentil!), mas não estranhe se o anfitrião não servi-la, pois o correto é encará-la como um presente que será desfrutado em outro momento.

É preciso retribuir um convite? Sim. Não precisa ser exatamente da mesma maneira, mas é simpático convidar para outro programa (café, cinema etc.).

@ ETIQUETA EMPRESARIAL

✔ Sempre confirme presença (ou ausência), mesmo quando não solicitado.

✔ Um evento na casa do chefe ou dos colegas de trabalho não deixa de ser um evento social – mas sua imagem profissional pode estar em risco se você não souber se comportar.

• Nesse caso, beber com moderação e vestir-se de forma mais recatada é extremamente importante.

Viva a empatia: ajude o outro a sair da saia justa... ou nem entrar nela

☹ Evite fazer convites pessoalmente quando quem você quer convidar está acompanhado de alguém que não será convidado – seja porque você não o conhece, seja porque não quer estender o convite a ele.

☹ Foi convidado para o evento do ano? Não fique esnobando quem não foi.

Anfitriões e hóspedes: uma relação de amor e ódio?

Quando as coisas começam erra-das, essa pode, sim, se tornar uma relação de amor e ódio. O início de uma boa relação entre hóspedes e anfitriões começa no convite. Só convide para se hospedar em sua casa pessoas das quais você realmente gosta. E, para ser um bom hóspede, o primeiro passo é só aceitar convites de pessoas queridas.

Quando você é o anfitrião

Receber bem demanda planejamento, organização, simpatia e empatia. Esses requisitos são imprescindíveis para seu sucesso, e sem eles fica quase impossível receber de forma tranquila.

Antecedência também é preciso. Que tal cerca de dez dias? Você terá tempo para se organizar com tranquilidade – e seu hóspede também.

Pode-se estabelecer um período de permanência? "O que é combinado não é caro", já diz o ditado. Você pode, sim, estabelecer uma data de chegada e de saída para seus hóspedes.

- Evite o "Passe uns dias conosco" ou "Venha passar as férias aqui em casa", se o tempo que você tem disponível para a pessoa é limitado. Faça convites claros: "Venha passar uma semana conosco durante suas férias".

O preparo da casa:

☺ Aqui a empatia já entra em cena: pense nas possíveis necessidades de seu hóspede e prepare-se para saná-las. Ele é vegetariano? Providencie opções de cardápio. É o amigo adolescente de seu filho? Estabeleça programas adequados à idade deles. E assim por diante.

☺ Pelo menos uns cinco dias antes de seu hóspede chegar, verifique se o banheiro e o quarto que ele utilizará estão em ordem. Assim você tem tempo para reparar o que for preciso.

   ✔ Cheque se você tem travesseiros, roupa de cama, de banho e artigos de higiene pessoal suficientes e adequados para receber seu hóspede.

☺ Comece a abastecer a casa com pelo menos três dias de antecedência.

☺ Um dia antes da chegada, você pode preparar o quarto e o banheiro. Faça uma boa limpeza neles.

   ✔ Abasteça o banheiro: papel higiênico, creme dental, sabonetes para o chuveiro e para a pia. Quer mimar o hóspede? Tem orçamento para isso? Prepare um *kit* com sabonete líquido para o chuveiro e para a pia e hidratante ou óleo de banho com o mesmo perfume; inclua um roupão branco bem fofinho, uma velinha (e fósforos) e pronto! Você criou um clima de *spa* para ele!

✔ Providencie roupa de cama e de banho limpa.

✔ Separe um espaço no guarda-roupa, se tiver.

☺ Tente conciliar a rotina da casa com a do hóspede. Não precisa mudar tudo, mas não dá para não levá-lo em consideração.

✔ Ofereça uma chave da casa para ele. Isso fará com que ele se sinta à vontade e até mais independente.

Quando você é o hóspede

Lembre-se de que, por mais íntimo que seja de seu anfitrião, você não mora na casa dele. Por isso, não deve comportar-se como se morasse lá. Um mínimo de cerimônia já ajuda.

Procure preservar a rotina de seu anfitrião – principalmente quando ele o está recebendo fora do período de férias dele. Evite ficar exigindo programas mirabolantes e não espere (nem demande) um cardápio especial. Claro que ele fará tudo para que sua estada seja o mais agradável possível, mas não encare isso como uma obrigação só dele.

- 😞 Se ele tem filhos, procure não fazer nada que contribua para a alteração da rotina deles.
- 😊 Prepare uma programação para você (tenha-a como um curinga) e use-a sempre que não puder contar com seu anfitrião – uma dose de independência é sempre elegante!

Se você sabe cozinhar, preparar uma refeição para ele pode ser uma boa. Mas nada de sujar toda a cozinha e deixar que ele se encarregue da limpeza.

☺ Você pode passar na rotisseria ou na padaria do bairro e levar algo para um lanche à noite, por exemplo.

⚡ Colabore na manutenção da casa, desde que ele não se importe. Fique atento, porque há quem não goste que outras pessoas façam as arrumações.

Você está se sentindo em casa, mas essa é a casa de seu anfitrião. Portanto:

☹ Não atenda o telefone (a não ser que ele peça ou autorize) nem use-o sem pedir; se usar, faça-o pelo período mais breve possível. Não distribua o número do telefone de seu anfitrião para todo mundo que queira falar com você – agora, sim, é hora de usar o celular!

☹ Nada de se trancar no quarto ou em qualquer outro cômodo. Procure manter-se na área social da casa.

☹ Não dê palpite na educação dos filhos dele nem dê broncas ou faça críticas aos pais na frente das crianças.

☹ Nem pense em dar ordens para a diarista ou para qualquer outro empregado da casa.

☹ Não se esqueça de seus produtos de uso pessoal – mas não precisa levar roupa de cama e de banho.

☹ Detesta arrumar a cama quando está em casa? Pois é, essa não é sua casa...

☹ Nem considere andar pela casa de pijamas ou com qualquer traje demasiado à vontade!

☹ Maneire na quantidade de malas.

Não precisa exagerar na dose, mas levar um mimo para seu anfitrião é sempre elegante e bem-vindo! Quem não gosta de ser mimado?

🍸 E, se há criança na casa, não se esqueça dela. Aliás, se o orçamento está curto e você pode oferecer só um mimo, escolha a criança – os pais também se sentirão presenteados.

Agradeça sempre: ao ser convidado, ao ser recebido, pelo jantar que estava uma delícia, ao sair.

☺ E, ao voltar para casa, ligue agradecendo pela hospedagem!

Quando é só uma visitinha

Visitar é algo delicado, por isso evite aparecer de surpresa. Ninguém gosta de ser pego desprevenido. Em geral, o melhor é visitar quando recebemos um convite. Essa regra pode ser deixada de lado quando você tem mais intimidade com a pessoa a ser visitada, mas mesmo assim não apareça de surpresa – ligue antes! A intimidade lhe permite perguntar se ela pode lhe receber, e você deve estar preparado – e não se chatear – se ela não puder.

Ao visitar alguém que está convalescendo em casa, ligue antes – no hospital, não há necessidade.

Visitar a nova mamãe na maternidade vale para quem é mais próximo. Fazer a visita quando a família já voltou para casa é a melhor opção se você não faz parte do círculo familiar ou mais íntimo.

Presentes e mimos

Quando você oferece

Atenção ao outro é fundamental: pense em algo de que ele gosta, o que usa, o que pode ser útil, seu estilo pessoal, sua personalidade, seus interesses, seus *hobbies* etc. Qualquer uma dessas coisas pode ajudar você a escolher um presente que será um sucesso.

Para presentear pessoas que não conhecemos bem ou com quem não temos muita intimidade, o que não devemos fazer é:

- 🙁 exagerar no valor do mimo – fica constrangedor e, às vezes, até esnobe;
- 🙁 oferecer itens muito pessoais – perfumes, roupas, acessórios e objetos de decoração são os mais difíceis.

Sempre que possível, acrescente um cartão ao presente. É sempre bom ler algo genuinamente carinhoso.

Cuidado para não reduzir o ato de presentear a uma ferramenta de *marketing* nem presenteie esperando uma contrapartida. Presentear deve ser um ato de generosidade, que você pratica para deixar o outro feliz.

Presentear em dinheiro pode, mas só com quem você tem muita intimidade. Mesmo assim, ainda pode parecer que você ficou com preguiça de escolher algo especial para a pessoa.

Capriche na embalagem. Ela faz parte do ritual e enche os olhos!

Livros, revistas e jogos podem ser ótimos presentes para quem está acamado. Muitas vezes, são melhores que flores.

Para a nova mamãe, se quiser mandar flores, faça-o quando a família já tiver voltado para casa ou leve quando for visitá-la. E não se esqueça de uma lembrancinha para o recém-nascido. Livros infantis fazem um presente lindo, que pode ser compartilhado por pais e filhos – funcionam como um presente para a família.

Para presentear anfitriões, flores (arranjos delicados e de fácil manuseio), chocolates e vinhos podem não ser as opções mais criativas, mas são sempre bem recebidos.

Em festas maiores, o presente é enviado um dia antes ou um dia depois. Evite chegar com ele na hora.

Vai viajar? Pois saiba que você não tem obrigação de trazer lembrancinhas para todo mundo, mas pode aproveitar e comprar algo especial para alguém que esteja para fazer aniversário, por exemplo.

Presente não se anuncia. Senão, fica parecendo que você quer algo em troca.

Nunca viu a pessoa com o presente que você deu? Não fiscalize, não fique perguntando por que ela não o usa ou por que ele não está exposto. Pode ser que ela não tenha gostado, que não tenha nada a ver com ela, enfim...

Cuidado ao presentear crianças – leve sempre em conta a reação dos pais. É claro que qualquer criança adoraria ganhar, por exemplo, um animalzinho de estimação, mas nem tente!

Vale-presentes estão cada vez mais populares. Escolha aqueles que você tem certeza que são de lojas, produtos ou serviços dos quais o presenteado gosta. Outra coisa: eles são mais indicados para pessoas mais íntimas, porque o valor está ali, bem à vista.

Flores são verdadeiros curingas, pois podem ser oferecidas em praticamente todos os momentos. De agradecimentos a celebrações, elas fazem bonito. Basta escolher os arranjos mais adequados – e sempre os naturais.

☺ Flores para homens? Que tal folhagens ou arranjos bem minimalistas? Eles têm uma cara mais masculina. E, com tanto homem *gourmet*, os vasinhos de ervas também valem – e os de pimentas também!

@ ETIQUETA EMPRESARIAL

✔ Bons motivos para presentear o chefe: aniversário, promoções, premiações, conquistas importantes, datas comemorativas.

● Mas nem sonhe fazer isso sozinho! Sempre inclua a equipe, mesmo que a ideia tenha sido sua. Você não quer parecer bajulador – nem aos olhos dele nem aos dos colegas.

- ✔ Ao presentear um colega – principalmente sem motivo especial – use a discrição. Os outros podem sentir-se enciumados.
- ✔ Presentear clientes tem limite: de quantidade e qualidade. Não faça disso um hábito, tampouco exagere no valor do presente – pode parecer suborno, e você não quer isso!
- ✔ Vale-presentes podem funcionar como ótimos mimos empresariais: não são muito pessoais e podem ser adquiridos no valor mais adequado.
- ✔ Amigo-secreto: vale estabelecer valores e até elaborar uma lista com a preferência dos participantes. Isso ajuda a evitar decepções.

Quando você recebe

Abra o presente na frente de quem o ofertou, tomando cuidado para não exagerar na reação, de forma que pareça falsa, nem fazer cara feia, caso tenha se decepcionado.

Não fique exibindo o mimo quando outros não ganharam nada ou quando você é o anfitrião e outros convidados não o presentearam.

Se o presente ou as flores vieram por portador, é preciso agradecer o mais rápido possível, de preferência por telefone, e não por *e-mail*.

Lembre-se de que presente não é obrigação, então não fique com cara feia se não ganhou.

Não repasse o presente para outra pessoa – pelo menos não para alguém do mesmo círculo social de quem o presenteou –, mesmo que tenha sido ofertado pela pessoa mais íntima de você.

Se lhe perguntarem o que você quer ganhar, você pode, sim, dar dicas. Evite dizer "nada". Se o fizer, depois não fique com aquele sorriso amarelo ao receber "nada" de presente!

Quer retribuir? Não precisa ser da mesma maneira. Você pode, por exemplo, convidar a pessoa para um café, um almoço etc.

@ ETIQUETA EMPRESARIAL

- ✔ Ao receber presentes ou flores no trabalho, discrição é a chave. Não saia por aí fazendo alarde.
- ✔ Presentes caros ofertados por fornecedores podem e devem ser devolvidos. Infelizmente, sempre parecerão suborno. Evite. Deixe claro que a política de sua empresa não os permite – mesmo que não haja nada nela que o impeça de aceitá-los. Ou aceite-os, agradeça e deixe claro que serão doados para uma entidade carente. E faça isso, claro!

5

COMER, BEBER E CELEBRAR

SEMPRE COM SABOR DE GENTILEZA

Não é incomum que o medo de cometer uma gafe apareça sem aviso naqueles momentos em que estamos em plena atividade social – seja recebendo alguém, seja sendo recebidos. E, quando o evento envolve uma belíssima mesa posta, aí é que as coisas se complicam... Dúvidas sobre como se portar à mesa são ainda mais comuns do que você imagina.

A seguir, você encontra tudo que precisa saber para desempenhar com elegância seu papel de convidado ou anfitrião, com dicas que vão desde como escolher a melhor maneira de receber até como manusear os talheres da forma correta.

Tipos de serviço: o tom de seu encontro

Da festa mais luxuosa ao encontro mais descontraído entre amigos, todos os eventos passam pela escolha do tipo de serviço mais adequado. Existem vários tipos de serviço, cada um com sua dose de formalidade ou casualidade – que determina a maneira como uma refeição será servida, incluindo desde a arrumação do espaço e a montagem da mesa até o tipo de cardápio mais apropriado. Falaremos aqui dos serviços à francesa, à inglesa e à americana e do que fazer, seja você convidado, seja anfitrião.

Se você é o anfitrião, ao escolher o tipo de serviço, deverá levar em conta:

- ✔ o tipo de encontro que quer, o clima que deseja criar (grau de formalidade) e as pessoas que vai reunir;
- ✔ a disponibilidade de espaço para acomodação dos convidados;
- ✔ o orçamento e o tempo de organização disponíveis;
- ✔ se poderá ter ajuda externa (garçons, copeira etc.).

Se você é o convidado, preste atenção na dinâmica dos serviços e não faça feio nem no mais formal dos jantares.

À francesa

Formalidade (muita!), elegância e organização são as palavras-chave. É o mais requintado dos tipos de serviço e é indicado para ocasiões cerimoniosas. Exige pessoal treinado – ninguém se levanta da mesa durante a refeição, por isso, se você quer oferecer um jantar assim em casa, precisa ter pelo menos uma copeira ou um garçom treinado para ajudá-lo. Para organizá-lo, você precisará de mais tempo e dinheiro. Para participar dele, deverá ficar atento a algumas regrinhas de comportamento.

A dinâmica

Com todos os convidados sentados à mesa:

- A bebida é servida pelo garçom (ou copeira) pela direita, sem que copos ou taças sejam levantados da mesa.
- Os alimentos são dispostos em travessas acomodadas (sem bandeja) sobre a mão esquerda do garçom, que os apresenta ao convidado pelo lado esquerdo.
  - ✔ É o convidado quem se serve.
  - ✔ Com exceção da sopa, todos os pratos devem ser servidos duas vezes.

✔ Quando um convidado não coloca os talheres em posição de "terminado", mesmo ao finalizar o prato, isso indica que deseja repetição.

- A retirada dos pratos e talheres (no final ou entre um prato e outro) é feita pelo garçom, pelo lado direito do convidado, bem como a colocação dos novos talheres. Esta é mais comum quando não se opta pela montagem completa da mesa ou quando a montagem completa não pode acomodar todos os talheres que serão utilizados. Saiba que se colocam no máximo três talheres de cada lado do prato.

✔ Os copos são retirados pela direita, no final da refeição.

- Quando há mais de oito pessoas, é indicado que haja dois garçons servindo simultaneamente, assim se agiliza o serviço.

- A ordem (precedência) para servir os convidados é a seguinte:

✔ Pessoas mais velhas primeiro.

- ✓ Mulheres (anfitriã e todas as convidadas) antes dos homens.
- ✓ A primeira mulher a ser servida é a que está sentada à direita do anfitrião, depois dela a que está à esquerda e daí em diante as outras, na direção de circulação do garçom (figura 1). O primeiro homem a ser servido (após as mulheres) é o que está à direita da anfitriã, o segundo é o que está à esquerda dela, e segue-se o fluxo (figura 2).
- ✓ Os anfitriões sentam-se sempre separados (neste ou em outro tipo de serviço), cada um numa ponta da mesa (ou ao centro, quando se opta por não usar as pontas da mesa), e são sempre os últimos a serem servidos.
- ✓ Os lugares à direita dos anfitriões são reservados aos convidados de honra. Por isso, se não houver pessoas mais idosas, o serviço sempre começará pela mulher sentada à direita do anfitrião.
- 🍽 Outra ordem de servir é iniciando pela convidada à direita do anfitrião e, em sentido anti-horário, servir todos

os outros convidados, passando pela anfitriã, até terminar com o anfitrião (figura 3).

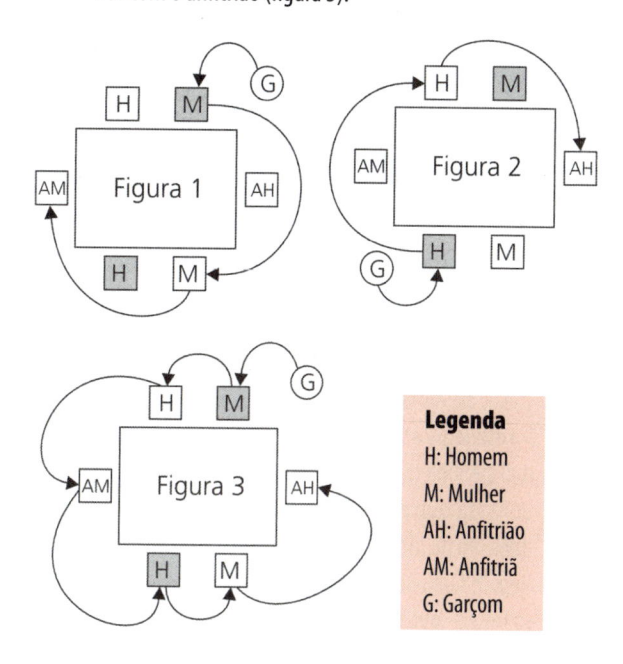

Legenda
H: Homem
M: Mulher
AH: Anfitrião
AM: Anfitriã
G: Garçom

Arrumação da mesa

Pode ser completa, como na ilustração da p. 139, ou os talheres podem ser trazidos à medida que cada novo prato é servido.

- Se você é o convidado e essa é a primeira vez que se depara com a mesa montada dessa maneira, não se apavore: saiba que os talheres são utilizados na ordem de fora para dentro. A colocação dos talheres indica a sequência de pratos que serão servidos – o primeiro prato se come com o primeiro par de talheres colocado mais para fora (ou se toma com a colher, quando a entrada é sopa), e assim sucessivamente.

- No esquema a seguir, veja que do lado direito está a colher de sopa (o lugar dela é sempre à direita, porque é utilizada com essa mão). Se a entrada não fosse sopa, mais um par de garfo e faca estaria disposto.

- Repare também que no esquema só existe um prato raso (nº 2) – que na verdade acompanha o prato fundo da

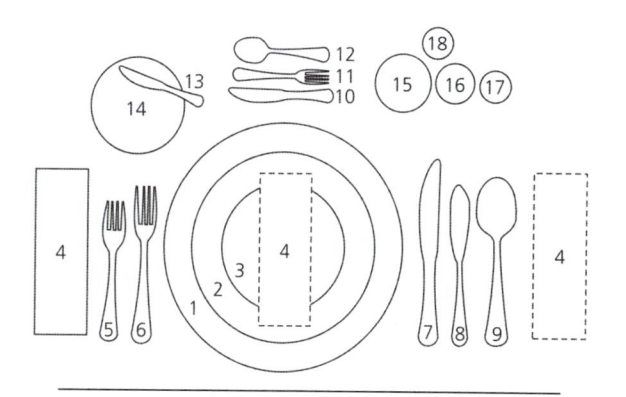

sopa (n⁰ 3) –, mas os talheres indicam que serão servidos dois outros pratos: um peixe e outra coisa, que pode ser ave, carne ou massa. Os outros pratos serão colocados pelo garçom momentos antes de as refeições serem servidas. Isso evita um acúmulo desnecessário de pratos sobre a mesa.

Mais adiante, neste capítulo, você encontra em detalhes o correto manuseio dos talheres.

Legenda

1: *Sousplat* (suporte para os pratos)

2: Prato raso

3: Prato de sopa (sempre previamente servida) ou prato de entrada (que pode já estar servida)

4: Guardanapo (colocado dobrado à esquerda do prato, à direita ou sobre ele [nunca dentro de taças], e vai para o colo assim que você se senta [não é correto usar guardanapo de papel quando se oferece um jantar à francesa – ele só vale em ocasiões ultracasuais; mesmo assim, nessas ocasiões opte pelos de máxima qualidade que encontrar])

5: Garfo para peixe (mais delicado)

6: Garfo comum (os garfos ficam sempre à esquerda do prato, pois são utilizados prioritariamente com a mão esquerda)

7: Faca comum (faz par com o garfo 6)

8: Faca para peixe, de formato diferenciado (ambas as facas ficam com a lâmina voltada para o prato)

9: Colher de sopa (as facas de refeição e a colher de sopa são sempre dispostas à direita e utilizadas com a mão direita)

10, 11, 12: Talheres de sobremesa (podem vir mais tarde ou já estar dispostos; são sempre colocados acima dos pratos de refeição, na ordem mostrada e com os cabos apontados para o lado da mão com a qual devem ser segurados: colher para a direita, garfo para a esquerda e faca para a direita)

13: Faca de manteiga (sempre colocada à esquerda, acima dos garfos)

14: Prato de pão

15: Taça de água (pode estar previamente cheia)

16: Taça de vinho tinto

17: Taça de vinho branco

18: Taça de champanhe (não coloque taças para bebidas que não serão servidas; por exemplo, se você não servirá vinho tinto, elimine essa taça. As taças são sempre colocadas acima e à direita do prato de refeição, em ordem decrescente de tamanho, da esquerda para a direita [água, vinho tinto, vinho branco], e a de champanhe atrás. Podem ser colocadas em linha reta em relação ao prato [como no desenho] ou numa linha diagonal, economizando espaço)

À inglesa

Elegante e prático, esse serviço é bastante utilizado em restaurantes e eventos. A mesa pode estar montada de forma completa, como no serviço à francesa, ou apenas com os utensílios do primeiro prato. A orientação para servir também pode ser igual à do serviço à francesa: servir os alimentos (pela esquerda) e bebidas (pela direita) ou retirar e colocar pratos e talheres (ambos pela direita). Existem dois tipos, que diferem um pouquinho:

À inglesa direto: os alimentos são servidos, e não só apresentados, pelo garçom. As travessas de alimento ficam apoiadas sobre a mão esquerda dele, e ele serve o convidado manipulando o garfo e a colher como uma pinça.

À inglesa indireto: a comida é apresentada pelo garçom ao convidado pela esquerda, apenas para ser vista – nesse momento, se você é o convidado, não deverá se servir. Como saber se você precisa esperar, ou até mesmo se esse não é o serviço à francesa? Você verá a gueridom (mesa auxiliar) ao lado de sua mesa.

- ✔ O garçom coloca então a travessa sobre a gueridom e monta o prato para o convidado.
- ✔ O prato montado é servido pela direita – essa é outra diferença.

À americana

Suas principais características são a praticidade e a liberdade; é ideal para ocasiões descontraídas ou quando não há espaço para que todos se sentem à mesa. Os convidados se servem e retomam seus lugares em sofás e cadeiras espalhados pela sala.

Se você está organizando um encontro com os amigos e vai optar por esse serviço, o importante é lembrar que as pessoas farão a refeição fora da mesa (em pé ou sentadas), portanto o cardápio ideal não deve incluir pratos que necessitem do uso da faca quando não há lugar para todos se sentarem.

Como arrumar o espaço e a mesa:

- Pode-se usar uma só mesa (a de jantar) em que tudo ficará exposto (se essa é a opção, ela deve ser grande) ou combinar mesa, aparador, carrinho e/ou mesa de apoio, onde serão expostos os alimentos e todos os utensílios necessários à refeição. O arranjo é livre e você pode usar a criatividade.

- ✔ Importante: para deixar claro que ninguém vai comer à mesa, afaste as cadeiras, distribuindo-as pela sala.
- ❦ Disposição dos utensílios e alimentos:
  - ✔ Pense em como você quer que a circulação flua – da esquerda para a direita é mais natural.
  - ✔ Na extremidade em que você quer que os convidados comecem a se servir, os pratos serão expostos em pilhas baixas, e na frente deles estarão os guardanapos – valem os de pano, que darão um ar mais especial a um serviço bastante casual.
  - ✔ No centro você pode colocar os alimentos expostos em travessas, já com os talheres de serviço.
  - ✔ Na outra extremidade ficam os talheres (garfos embaixo, facas em cima), copos e bebidas.
  - ✔ Copos e bebidas também podem estar previamente expostos num aparador ou mesa de apoio, motivando os convidados a se servirem.
- ❦ A sobremesa será trazida após a retirada dos pratos principais, mas os talheres e pratos para ela já podem estar expostos.

Como se servir:

- Coloque o guardanapo na mão esquerda, sobre ele ponha o prato, sirva-se, pegue os talheres e acomode-se. Sem mistérios!
  - ✔ Só pegue a faca ou qualquer alimento que precise ser cortado se houver onde se sentar.
- Nunca se sente à mesa principal, mesmo que você esteja em pé e vislumbre nela um espaçozinho onde poderia se acomodar.
- Respeite a fila. Nada de ficar entrando na frente dos outros!
- Se você vai voltar à mesa de alimentos para servir-se novamente, leve seu prato, talheres (dentro do prato) e guardanapo (sob o prato). O copo pode ficar num aparador próximo ao seu lugar. Caso não haja aparadores, escolha um cantinho discreto para deixar o copo — nem tente fazer malabarismos.
- Os anfitriões circulam entre os convidados, observando se tudo está correndo bem, e só se servem quando todos já estiverem servidos.

A escolha do cardápio

O cardápio também deve ser escolhido levando-se em conta o tom da ocasião, os convidados e o tipo de serviço que você pretende usar – por exemplo, o serviço à francesa requer algo mais elaborado, ao passo que o serviço à americana, algo mais descontraído e fácil de comer.

Algumas dicas:

- O clima é relevante.
  - ✔ Dias frios admitem pratos mais pesados, temperados ou apimentados. Dias quentes pedem leveza e suavidade – deixe o jantar indiano supercondimentado para uma noite fria.
- Não ceda à tentação de experimentar novas receitas quando você tem convidados – a possibilidade de desastre sempre ronda essas ocasiões. Opte pelo que já sabe fazer (e bem!).

✔ Faça de um prato – doce ou salgado – sua marca registrada.

✔ Nem sempre você precisa cozinhar tudo que vai servir; pode comprar parte do *menu* já pronta – desde que a comida seja saborosa e fresca. Viva aos tempos modernos!

🍴 Se você planeja servir um prato típico ou exótico, avise seus convidados, falando sobre os ingredientes. Cheque a receptividade deles. De qualquer maneira, tenha sempre um cardápio alternativo (pelo menos um prato) que você saiba ter pouca rejeição.

🍴 Comer é experiência, é sensação, é sentido. Então, abaixo a monotonia:

✔ Ao planejar o cardápio, varie cores, texturas e ingredientes. Nada, por exemplo, de servir frango na entrada e como prato principal, ou uma sequência de sobremesas cremosas (ou tudo de chocolate).

✔ Ordem de servir: procure sempre colocar os sabores mais suaves antes dos mais pungentes. Assim, por exemplo, o peixe é servido antes da ave, que é servida antes da carne vermelha; a massa é servida antes das carnes.

✔ Capriche no visual dos pratos. Isso só valoriza seu cardápio, por mais simples que seja.

✔ Capriche na decoração da casa. Flores e velas fazem milagres e ajudam a transformar uma simples reunião entre amigos num jantar especial.

❧ Evite as velas e flores perfumadas. Elas interferem negativamente no apetite.

Como se portar à mesa

Primeiro, algumas dicas para quando você recebe convidados. E, se você faz parte de um casal, saiba que normalmente é a anfitriã quem faz o que está indicado a seguir – porém, com os homens participando cada vez mais das atividades da casa, nada mais atual do que eles ficarem absolutamente livres para assumir ou colaborar.

☺ Quando não há cartões identificando os lugares onde cada pessoa deve se sentar, é você, anfitrião, quem os indica.

☺ É você quem começa a comer, após todos estarem servidos. Mas pode (e em minha opinião deve) liberar os convidados para que o façam antes, principalmente quando há muita gente para ser servida ou algum prato que esfrie rápido.

☺ Fique atento aos convidados, principalmente quando você não conta com a ajuda de garçons ou copeiras. Veja se todos foram servidos e estão comendo ou se alguém precisa de você e está constrangido em pedir ajuda.

✔ Se algo cair (guardanapo, talheres etc.) você (ou o garçom) providencia a reposição imediatamente.

☺ É você também quem convida para que se deixe a mesa.

☹ Você pode sugerir que os convidados repitam o prato, mas não os force a isso. E nada de dizer "Mas você não

comeu nada!", "Não gostou da comida que preparei?" ou
"Está de regime, fulana?" – além de desnecessário, isso
constrange e irrita o convidado.

😊 O cafezinho pode ser servido à mesa, mas
apresentá-lo em outro ambiente é uma
ótima pedida. Você mesmo pode servi-lo
ou sugerir que as pessoas o façam.

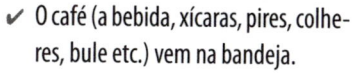

✔ O café (a bebida, xícaras, pires, colhe-
res, bule etc.) vem na bandeja.

✔ O licor vem depois do café, mas você pode apresentá-lo junto, para os que não tomam café.
Está ficando cada vez mais comum tomar (e servir)
chás digestivos após a refeição. Se quiser, você pode
ter uma seleção deles em casa e oferecê-los também.

Convidado:

❓ Se quiser repetir um prato, repita-o.

✔ Não há nada melhor do que ouvir elogios a respeito
da comida. Se gostou, elogie seus anfitriões.

- Só recuse algo caso você realmente não possa comer (por alergia ou intolerância); se o serviço é à americana, simplesmente não se sirva do que não lhe agrada. Evite (sempre!) fazer escândalo sobre pratos dos quais não gosta. Discrição nesses casos é a chave.

Para todo mundo:

- Nem pense em palitar os dentes, nem mesmo com a mão na frente da boca – horrível!
- Não coma fazendo barulho ou de boca aberta e eduque seus filhos para que eles também não façam isso – o mais cedo possível!
- Evite falar alto, gargalhar ou monopolizar as atenções.
- Temas controversos e tristes ficam fora da mesa – e das reuniões sociais!
- Os cotovelos só são apoiados na mesa quando não há comida servida.
- Ao final da refeição, não empurre o prato. Esse não é um sinal elegante de que você está satisfeito. Basta posicio-

nar os talheres da maneira correta e pronto (veja na p. 156 como fazê-lo).

- 😟 Se o copo está sujo de batom, nem pense em limpá-lo. O correto é prevenir a situação, secando delicadamente os lábios com o guardanapo antes de levar o copo à boca.
- 😟 Não se assoa o nariz à mesa. Peça licença e vá ao toalete. Aliás, quanto mais discreto você for nessa situação (assoar o nariz), melhor – sempre que puder, evite fazê--lo em frente a uma plateia.
- 😟 Nem pense em lamber os dedos. Nem mesmo numa mesa informal, na companhia de seus melhores amigos.
- 🍽 O amigo, o colega de trabalho, o parceiro está com algo nos dentes? Avise. Com discrição, mas avise. Não deixe o pobre "sorrindo verde".

O correto uso dos utensílios: e agora, o que é que eu faço?

A colher: segure-a com a mão direita e leve-a à boca pela lateral.

O garfo: segure-o com a mão esquerda, ou com a direita quando você não estiver usando a faca.

A faca: segure-a com a mão direita, seja para cortar o alimento, seja para colocá-lo sobre o garfo (o que é permitido).

❦ A faca não deve ser utilizada para cortar alimentos macios. Na dúvida, pergunte-se: "Se eu não tivesse a faca, conseguiria cortar esse alimento sem fazer força ou sem que ele saísse 'voando', somente usando o garfo ou a colher?" Se a resposta for sim, não precisa cortar o alimento com a faca.

Não gesticule com os talheres nas mãos. Descanse-os sobre o prato, evitando que qualquer parte deles toque a mesa, assim:

O guardanapo:

☺ Se for de pano, vai para o colo logo que você se acomoda, com apenas uma dobra ao meio, com a abertura voltada para você. Assim, ao levá-lo à boca, você poderá usar a parte interna, não expondo nenhum tipo de mancha.

☺ Utilize-o para limpar a boca sempre que for tomar sua bebida, assim você evita que o copo fique todo manchado.

☺ Ao terminar a refeição, ele volta para o lado do prato, displicentemente – nem amassado como uma pelota de papel nem dobrado como um *origami*.

As taças: segure-as sempre pela haste. Se segurá-las pelo bojo, a temperatura da mão vai alterar o sabor da bebida, principalmente no caso dos vinhos (mesmo dos tintos).

♟ Se não quer mais bebida, apenas recuse delicadamente. Nada de cobrir o copo com a mão.

Ao terminar a refeição, os talheres descansam sobre o prato. Há duas opções (pense no prato como um relógio e nos cabos dos talheres como os ponteiros):

- ✔ posicionados em 3h15, com a faca posicionada acima do garfo e a lâmina voltada para você;
- ✔ posicionados em 6h30, com a faca à direita do garfo e a lâmina voltada para dentro do prato.

Na mesa informal: se os pratos com os alimentos estão sobre a mesa, não há nada que o impeça de passá-los aos comensais, colaborando para que a comida chegue mais rapidamente a todos. Assim como não há nada que o impeça de perguntar a quem está próximo se gostaria que o servisse (antes mesmo de você se servir). O mesmo vale para a bebida – mesmo que você não seja o anfitrião.

Algumas dicas de como se portar quando o menu servido é comida japonesa:

- ✔ Os palitinhos de madeira são chamados de *hashi* e devem ser usados para pinçar os alimentos (dos *sushis* e *sashimis* ao arroz e macarrão), nunca para espetá-los. Se você nunca os utilizou, não é pecado usar garfo e faca, e menos ainda pedir que um "iniciado" lhe ensine como manuseá-los.
- ✔ A maneira correta de descansar o *hashi* é colocá-lo com os cabos apoiados sobre a borda direita do prato ou bandeja onde sua comida está servida.
- ✔ Quando uma sopa é servida, o correto é beber o caldo e depois comer os alimentos em pedaços usando o *hashi*. Para sorver o caldo, pode segurar a tigelinha (chamada *chawan*) com as duas mãos.
- ✔ Os alimentos em pedaços maiores (grandes para comer num bocado só) podem ser divididos quando ainda estão no prato, utilizando-se o *hashi*. Evite dividi-los com dentadas, muitas vezes desastrosas.

Como é que se come isso?

Pãozinho: come-se sempre com as mãos. Não precisa usar faca (a não ser para passar manteiga ou patê). Vá partindo-o em pequenos pedaços, sobre o prato de pão.

☹ Em mesas mais formais, não se mergulha o pão no molho.

Azeitonas: o caroço é retirado da boca utilizando a mão em formato de concha. Uma vez retirado, vai para o canto do prato. Faça o mesmo com o caroço de frutas.

Salada de folhas inteiras: dobre as folhas com a ajuda da faca, não as corte.

Consomê: é servido numa taça (xícara com duas alças). Pode ser tomado com a colher ou "bebido", levando-se a taça à boca, segurando-a pelas alças.

Ostras: quando servidas fora da concha, são comidas com talher de peixe; quando estão na concha, firme-as no prato com a mão esquerda e abra-as com a faca, utilizando a mão direita. Continue segurando, tempere e coma com garfinho próprio (de dois dentes). As conchas vazias voltam para o prato. Não há problema em beber o caldinho que ficou na concha.

Mexilhões: quando servidos fechados, proceda como faria com as ostras. Caso não haja garfinho, podem ser comidos com a outra metade da concha.

Alcachofras: quando somente o coração (que é mais tenro) é servido, pode-se comer com garfo e faca. Se elas forem servidas inteiras, podem-se usar as mãos. Vá tirando uma folha de cada vez, passe-a no molhinho (se houver) e raspe-a entre os dentes. Só se come a parte mais macia (a mais interna); as folhas são devolvidas ao prato.

Massas: não se usa a faca para cortá-las, não importa o formato.

- As de fio: aqui a paciência é amiga da elegância. Você vai ter de comer pouco a pouco, nada de enrolar uma quantidade enorme de fios. Pegue ("espete") com o garfo apenas uma pequena porção, que, ao ser enrolada (vá girando o garfo), não ficará enorme nem difícil de colocar na boca. Evite usar faca ou colher.

Frango assado: nada de sair pegando com as mãos. Use garfo e faca e vá separando a carne dos ossos delicadamente.

Doces cremosos (pudins, sorvetes, musses etc.) e frutas de polpa cremosa (normalmente servidas na casca, como mamão, fruta-do-conde, atemoia, caqui etc.): são comidos com colher.

Tortas, pavês, bolos e frutas que já vêm à mesa em pedaços: use só o garfo.

Frutas com casca e polpa dura, como a maçã: quando servidas inteiras ou em pedaços maiores, usam-se garfo e faca – corte-as em pedaços pequenos para comer.

❗ Se a banana veio para a mesa ainda com casca, descasque-a e coma-a com as mãos. Não se constranja.

Frutas em calda: espete-as com o garfo enquanto as corta e coma com a colher. Não se usa a faca.

Viva a empatia: ajude o outro a sair da saia justa... ou nem entrar nela

Quando é você quem recebe, está em suas mãos ajudar o outro a evitar gafes.

☺ Acidentes acontecem... A visita derrubou vinho no sofá branco? Respire, limpe e encerre o assunto. Se você tem medo de que algo aconteça a uma peça de estimação, retire-a do ambiente.

- ✔ Se você é a visita e o acidente foi uma bobagem (uma taça de vinho na toalha de mesa, por exemplo), desculpe-se e encerre o assunto. Se o acidente demanda a reposição de algo (por exemplo, a reparação de um objeto), ofereça-se para providenciá-la – e pagar.
- 😊 *Kit* contra a saia justa:
  - ✔ Deixe no lavabo: papel higiênico sobressalente, fio dental, aromatizador em *spray* e absorvente higiênico.
  - ✔ Sempre cheque a descarga um dia antes do evento.

6 NO RESTAURANTE

VAMOS RACHAR?

Ir a um restaurante pode ser um programa fantástico... ou uma experiência traumática! Quem é que gosta de jantar com um amigo que nunca colabora com o pagamento da conta, ou almoçar com o chefe que insiste em comandar até o pedido dos pratos? Da escolha do local à melhor maneira de pagar a conta, as dicas a seguir ajudam você a exercitar sua elegância e desempenhar com desenvoltura o papel de companhia perfeita.

Com que roupa?

Com a roupa que tenha o mesmo grau de formalidade do lugar. Se você não sabe qual é esse grau, pergunte como é o ambiente a quem o está convidando ou ligue para o restaurante e tire a dúvida – pergunte, ao menos, se há alguma restrição.

Peças que normalmente funcionam:

- 😊 As incluídas no traje esporte, para almoços em locais bem descontraídos (por exemplo, um almoço com amigos numa churrascaria, num *self-service*, num restaurante de *shopping* etc.).

- 😊 As sugeridas no traje passeio, para almoços em restaurantes um pouco mais sofisticados ou para jantares em geral. Vai almoçar com os (futuros) sogros ou com algum colega de trabalho de seu amor? Essa é a roupa.

@ ETIQUETA EMPRESARIAL

- ✔ Use o traje passeio como referência, sempre que o almoço for de negócios. Se sua empresa tem o código de vestir mais formal, respeite-o.
- ✔ Nunca use nada que seja casual demais ou sensual. Mesmo que seja um jantar no restaurante mais descolado da cidade, continua sendo um encontro profissional.

Confira ainda o que *não* vestir ou usar, independentemente do restaurante.

Eles:

☹ Saiba que a combinação bermuda, regata (ou camiseta) e chinelo só fica bem em restaurantes de frente para a praia.

☹ Usar regata, camisa aberta ou não usar camisa à mesa pega sempre mal (até em casa!).

☹ A roupa que usou no futebol com os amigos não vale para o almoço com a namorada.

☹ Excesso de perfume ou falta de desodorante também são faltas graves.

Elas:

☹ Perfume forte, excesso de perfume ou falta de desodorante.

☹ Jabôs (babados na frente da camisa ou blusa), mangas morcego, quimonos, mangas longas com punhos enormes, punhos com babados, mangas franjadas etc. O risco de sujar a roupa é enorme, além da alta probabilidade de esbarrar em todas as coisas que estão na mesa e derrubá-las.

☹ O *look* "vestida para matar", quando vai almoçar com os filhos, os pais ou os colegas de trabalho de seu marido/namorado.

☹ Traje de banho, roupa de praia ou de piscina (shortinho, canga etc.), em restaurantes que não estão à beira de uma nem de outra.

A escolha do local

Quando você convida

Saiba que quem convida é que paga a conta. Tenha isso em mente ao escolher o local.

✔ Se você é apenas o "organizador" da ida da turma ao restaurante, respire aliviado. A responsabilidade da conta não é só sua: rachar é o correto. Procure organizar o encontro em restaurantes compatíveis com o bolso das pessoas que estarão presentes.

Quando você é o convidado

Se o anfitrião lhe pergunta aonde você gostaria de ir, saiba que ele realmente espera que você dê sugestões. Ofereça algumas opções, afinal todo mundo tem um restaurante ou prato do coração.

Se você faz restrição a algum tipo de comida (tem alergia a frutos do mar ou é vegetariano, por exemplo), deixe isso claro no momento do convite.

@ ETIQUETA EMPRESARIAL

✔ Quem convida providencia todo o programa, desde escolher o restaurante e fazer reservas até pagar a conta.

- Telefone ou mande um *e-mail* no dia anterior, lembrando o horário e o local. Telefonar é sempre mais delicado e até mais seguro.
- Se precisar, envie um mapa.

✔ Evite escolher os restaurantes "da moda", normalmente mais badalados e barulhentos.

✔ Seja cuidadoso ao escolher um restaurante para convidados estrangeiros. Procure saber de suas restrições alimentares. No mínimo, assegure-se de que o restaurante escolhido oferece pratos vegetarianos.

Chegada e acomodações

Quem convida sempre chega primeiro, inclusive em encontros profissionais.

Quando chegam outros convidados, os homens que estão à mesa se levantam para cumprimentá-los. As mulheres não precisam fazer o mesmo.

Se você é convidado e vai se atrasar, por favor, avise o anfitrião, mesmo que seja uma reunião entre amigos.

Seus companheiros estão atrasados mais de trinta minutos e ninguém avisou? Pode fazer seu pedido sem constrangimento – e, se quiser ir embora, está liberado. Deixe um aviso com o *maître* e vá sem culpa. Vale ligar para o celular deles antes de fazer isso, afinal eles podem ter tido algum problema, apesar de a obrigação do aviso ser deles.

Não se aperta a mão do *maître* ou de qualquer outra pessoa da equipe do restaurante.

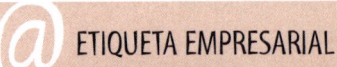

ETIQUETA EMPRESARIAL

✔ Se você convidou, deverá ter um papel mais ativo. É você quem vai falar com o *maître*, fazer sugestões de pratos etc.

✔ Num encontro profissional, chegar no horário é ainda mais importante. Viva a pontualidade!

Fazendo os pedidos

Não há problema algum em pedir sugestões ou tirar dúvidas sobre o cardápio com o *maître*; ao contrário, ele é a pessoa certa para ajudá-lo nessas questões.

Muitos restaurantes possuem *sommeliers*, que ajudam os clientes na escolha dos vinhos. É comum que o *maître* também desempenhe esse papel.

Se você conhece muito bem o cardápio, fica permitido fazer sugestões sobre o que é mais gostoso, mas apenas isso. Não decida pelo outro.

Nada é mais elegante do que tratar toda a equipe do restaurante com educação.

Se você não sabe o processo de cozimento de algum prato, se tem dúvidas sobre ingredientes ou sobre o significado de alguma palavra, não hesite em perguntar ao *maître*.

Da mesma maneira que não se deve chamar o *maître* ou o garçom para fazer o pedido enquanto todos não tiverem decidido (deixá-lo plantado esperando é muito deselegante), quem vai receber os pedidos não deve ficar parado em pé, a seu lado, enquanto você escolhe.

Chame o garçom acenando suavemente com a mão e falando "por favor, garçom" num tom de voz moderado. Nada de "oi", "psiu" e assobios.

@ ETIQUETA EMPRESARIAL

✔ Quem convidou toma a iniciativa de chamar o *maître* para fazer os pedidos. O anfitrião é o "gerente" da mesa e vai cuidar do andamento das coisas. Deve, portanto, ficar atento às necessidades dos convidados.

✔ Não se tomam bebidas alcoólicas no horário de trabalho. Sendo assim, se é um almoço, evite-as — seja você o anfitrião, seja o convidado. Se é um jantar, o álcool pode ser consumido com (muita!) moderação, e a iniciativa de pedi-lo é sempre do executivo mais graduado ou do cliente.

- Em eventos dentro da empresa, o álcool deve ser abolido, por mais glamoroso e tentador que pareça. Além de mandar a mensagem errada, pode causar acidentes — afinal, muita gente volta para casa dirigindo.

Comportamento à mesa

Se vocês são um grupo à mesa e os pratos não estão chegando juntos, a etiqueta diz que se deve esperar até que todos estejam servidos para começar a refeição. No entanto, se você é um dos que ainda não receberam o prato e vê que outros estão esperando, insista (de verdade!) para que quem já está servido comece a comer.

Evite a todo custo sair da mesa enquanto a comida está servida. Se precisar sair e a comida está para chegar, você tem duas opções: ser breve ou sair após a refeição. Não deixe ninguém esperando. E, se você foi deixado esperando, não hesite em começar sem o fujão.

- As moças que desejam retocar a maquiagem devem se dirigir ao toalete, nunca fazê-lo à mesa.
- Quer ir ao banheiro? Peça licença e vá. Pronto! Ninguém precisa saber aonde você vai nem o que vai fazer.

✔ As moças não precisam convidar a amiga para ir junto. Você é a amiga e quer ir? Peça licença e saia em seguida – desde que não sobre apenas uma pessoa à mesa.

Evite falar alto. E, se estão num grupo, controlem o volume.

Já falamos sobre isso quando abordamos o uso dos celulares, mas não custa lembrar. Evite deixá-lo ligado ou atendê-lo quando está à mesa, principalmente enquanto faz a refeição.

🍴 Outra coisa: evite ao máximo colocá-lo na mesa – parece que ele é muito mais importante do que as pessoas a sua frente.

Viu um conhecido? Acene e deixe para ir à mesa dele, cumprimentá-lo, só quando sua refeição e a dele já estiverem terminadas. E não se estenda na conversa, principalmente quando só você o conhece – não deixe seu grupo ou seu acompanhante esperando.

A comida está ruim? O garçom foi mal-educado? Você não gostou de alguma coisa? Vá se queixar com o *maître*! Ele é o responsável pelas reclamações e deverá resolver seu problema. De qualquer maneira, evite alterações no tom de voz.

Quer levar o que sobrou para casa? Tudo bem, mas deixe para fazer isso quando estiver entre amigos mais íntimos, num ambiente mais descontraído ou em família.

A conta, por favor!

Quem pede a conta é quem convidou. Deve fazer isso com delicadeza, após todos terem tido oportunidade de comer sobremesa e tomar café.

☺ Numa mesa onde todos são amigos íntimos e não existe um anfitrião, a situação fica mais leve, e qualquer pessoa pode sugerir o pedido da conta, desde que observe se todos já acabaram e se o encontro já tem um clima de "terminando".

☺ Quer ou precisa sair antes de a conta ser pedida? Deixe com alguém o dinheiro equivalente a sua parte (mais a gorjeta); não precisa anunciar para todo mundo que você já deixou sua contribuição.

    ▪ Sair antes de a conta ser pedida só vale quando você está em grupos grandes — evite em outras ocasiões.

A regra é: quem convida paga. Mas o convidado pode pedir para dividir (independentemente do sexo). Pode até insistir, mas se vir que o anfitrião faz questão de pagar, deixe que o faça.

Num encontro mais casual (uma noitada com amigos, por exemplo), o correto é dividir. E mais correto ainda é quem consumiu mais pagar mais. É elegante e justo reconhecer que quem consumiu menos não deve arcar com a despesa extra dos outros.

É seu aniversário e você escolhe comemorar em seu restaurante preferido. O mais correto é que você pague a conta – principalmente se escolheu um restaurante caro e nem todos os convidados estão preparados para arcar com esse tipo de despesa. É como se estivesse dando uma festa – você paga por ela. Se a grana está curta, pode combinar com os amigos que a conta será dividida. Só fique atento: se não avisou, se não deixou claro, quem convida é quem paga!

Não é vergonha alguma conferir a conta. É um direito de qualquer consumidor.

Vai levar as crianças?

Quando se tem filhos, nem sempre se consegue frequentar os mesmos restaurantes de "antigamente" – alguns não são preparados para receber crianças, outros nem permitem a presença delas.

Não importa se você está na praça de alimentação do *shopping* ou no melhor restaurante da cidade, deixar seus filhos soltos, correndo livremente entre as mesas, é uma grande falta de educação. Por isso, não se surpreenda (nem se queixe) se alguém reclamar deles.

Jantar entre adultos? Deixe as crianças com a babá. Assim, além de respeitar o combinado entre o grupo, você desfruta de um tempinho só para você e seus amigos.

E você, que não tem filhos, nada de ficar olhando torto ou reclamar do simples fato de uma criança estar no restaurante.

Self-services e praças de alimentação: os restaurantes nossos de cada dia

Ficou tão usual almoçar nesses restaurantes que às vezes nos sentimos à vontade demais. É preciso lembrar que, mesmo sendo ambientes supercasuais, continua não havendo desculpa para a deselegância.

No *self-service*

Furar fila é inadmissível, assim como ficar passeando entre os pratos, num vaivém sem fim.

Atenção a seu ritmo. Tem uma fila atrás de você, provavelmente cheia de gente com pouco tempo para almoçar e voltar ao trabalho.

Posso convidar um amigo para comer no *self-service*? Pode, desde que seja aquele amigo mais próximo.

Seja breve à mesa. Esse tipo de restaurante prioriza a agilidade.

Na praça de alimentação

O local está cheio de gente esperando, e você já terminou? Vá conversar com os amigos enquanto saboreia um cafezinho ou olha as vitrines.

Ao acabar a refeição, não se levante e vá embora, abandonando sua bandeja e seus restos. Responsabilize-se por jogar seu lixo fora.

@ ETIQUETA EMPRESARIAL

- ✔ Posso aproveitar o *self-service* para um almoço profissional? Pode, mas para algo muito breve e, de preferência, com pessoas de sua empresa ou equipe. Não é a melhor opção para levar um cliente.
  - Evite usá-lo como local de reuniões. Lembre-se de que esse tipo de restaurante é utilizado para refeições rápidas.
- ✔ Não é incomum que o refeitório da empresa seja muito parecido com uma combinação entre *self-service* e praça de alimentação. Então, quando estiver nele, observe todas as regrinhas anteriores.

7 OS PAPÉIS QUE VOCÊ ASSUME

E O RESPEITO AO OUTRO

Em nossa vida, assumimos uma série de papéis. Todos eles afetam as pessoas que nos cercam – desde os familiares e amigos mais íntimos até os desconhecidos com os quais esbarramos no *shopping*. E você tem o poder de tornar a vida de todos eles mais fácil, usando apenas a empatia, um pouquinho de bom senso e respeito ao próximo!

Você, essa entidade chamada chefe

Quando estamos no comando, fica fácil cometer deslizes que nos levam a atitudes de extrema deselegância e nos fazem parecer muito mais tiranos do que líderes. Se você é chefe – esse ser normalmente tão temido –, que comportamentos deve adotar ou evitar para tornar a vida de todos, inclusive a sua, mais fácil?

Seja o que for que você queira – o respeito do time, a colaboração da equipe, o direito de decidir o que todos farão, não interessa –, melhor que impor é conquistar.

Nem pense em utilizar seu poder de chefe para "pedir ajuda" nas tarefas pessoais, nem mesmo ao estagiário.

- Se você um dia já foi estagiário e foi tratado de forma incorreta, é sua obrigação romper o círculo vicioso quando chegar a sua vez. Dê o basta.
- Lembre-se de que sua equipe trabalha para você, não para seus familiares. A secretária, por exemplo, não é a babá ideal para seus filhos.

"Por favor", "obrigado(a)", "com licença" e "bom dia" são o que há de mais importante em seu vocabulário. Você pode até achar que é perda de tempo dizer essas palavras, mas elas têm, inclusive, o poder de agilizar as coisas.

Atenção a seu tom de voz. Quem grita não comanda, apenas manda.

Você é o maior responsável pelo bom gerenciamento do tempo de sua equipe.

- Se você a deixa aguardando toda vez que marca uma reunião, por exemplo, não espere pontualidade no cumprimento das tarefas. Seja pontual você também.

- Não fique divagando durante as reuniões. Você é o responsável por mostrar foco e objetividade.
- Evite ao máximo marcar reuniões após o final do expediente.
- Cabe a você estimular sua equipe a usar bem o tempo, incentivando-a a chegar e sair no horário.

Muito cuidado com o que você diz sobre os outros e para quem diz. Você tem o poder de começar rumores que podem atrapalhar a carreira – e, no mínimo, o sono – das pessoas, e também a sua! Afinal, quem vai querer um fofoqueiro na equipe?

Conjugue mais verbos na primeira pessoa do plural. "Nós fazemos" é muito mais fino que "eu faço", "eu fiz", "eu, eu, eu!".

Faça críticas, mas não exclua os elogios de seu repertório. Eles são sempre elegantes!

Ninguém tem nada a ver com seu mau humor. Não desconte em quem não lhe pode dar uma (merecidíssima) resposta à altura.

Você, o colega de trabalho

Independentemente de chefiar ou ser chefiado, você sempre será colega de outros membros da empresa.

Seu colega fez uma besteira? Fale com ele, ajude-o a encontrar uma solução, em vez de ir correndo contar a "novidade" para o chefe.

Nada de ficar falando mal do colega pelas costas, com o chefe ou com qualquer outro par. Fale diretamente com ele ou guarde sua opinião para você!

Você também é responsável pelo bom clima no escritório. Comece a jornada cumprimentando todos que encontra com um "bom dia".

☺ E, por favor, use as palavras mágicas. Elas podem ajudá--lo a cumprir tarefas com mais rapidez do que você imagina.

O pessoal da limpeza, da portaria, da segurança, os *boys*, enfim, todos eles são seus pares, mesmo que sejam terceirizados. Trate-os com tanto respeito quanto trata o presidente da empresa.

Caso você esteja concentrado numa tarefa importante e não queira atender o telefone ou vá sair para uma reunião, deixe o aparelho programado para entrar direto na caixa postal.

♟ Ninguém tem a obrigação de atender por você, a não ser sua secretária, após você ter pedido "por favor".

Não custa lembrar: seja bastante rigoroso com sua higiene pessoal! Ninguém quer ficar perto de uma pessoa "descuidada".

Você, prestador de serviços

Quem usa seus serviços é mais importante que você, seja você manobrista ou cardiologista!

🍸 Sabe aquela máxima "O cliente é rei"? Pois é, é verdade! Não importa se você é o melhor médico da cidade, o advogado mais brilhante do país, o cabeleireiro mais bombado do planeta, não importa se você é "a" referência em sua área de atuação – seu cliente/paciente é mais importante que você. Por uma simples razão: é ele quem paga!

Seu consultório vive lotado e suas consultas atrasam no mínimo trinta minutos? É hora de você rever sua agenda, repensar o número de pacientes que pode atender por dia, e atendê-los bem – nada de consultas de quinze minutos, que fazem o coitado do paciente ter a impressão de estar atrapalhando –, além de gerenciar melhor seu tempo. Os pacientes agradecem!

E por favor, use o telefone para avisar dos atrasos, afinal nunca foi tão fácil fazer uma ligação.

O mesmo vale para salões de beleza, clínicas de estética ou quaisquer outros estabelecimentos que atendam com hora marcada.

Se você tem revistas na sala de espera, por favor, mantenha só as atuais.

Doutores (médicos, dentistas e advogados) que tratam seus clientes como se estivessem fazendo um grande favor em atendê-los são aqueles que:

- não usam as palavras mágicas;
- não olham nos olhos;
- não explicam por que adotam determinados procedimentos;
- usam linguagem técnica e deixam o pobre mortal imaginando "O que será que o doutor está falando?";

☹ não se colocam no lugar do cliente e se esquecem de quão vulneráveis eles se sentem.

Você, cliente ou tirano?

Sim, o cliente é rei, como acabamos de falar. Mas, se você está nessa posição, não vá de rei a tirano num piscar de olhos. Majestade demanda gentileza!

Cliente tirano é péssimo! É aquele que:

☹ se atrasa para um compromisso e não liga para avisar sobre o atraso – atrapalha a agenda do profissional e de todos os outros clientes, que ficam plantados esperando o "rei" dar o ar da graça;

☹ reclama quando, ao chegar atrasado, percebe que outro cliente foi passado na frente;

☹ fura filas – o típico tirano, que acredita ter mais direito que qualquer outro cliente;

😣 na hora de ser atendido, fica falando ao celular, atrasando a agenda do profissional, que espera prostrado, sem poder fazer nada – enquanto os outros clientes também esperam;

😣 fala com os profissionais com uma falta de consideração do tamanho do mundo – usa um tom ríspido, nunca pede "por favor", muito menos agradece.

Gorjetas: quem recebe?

Elas fazem parte de nosso dia a dia e são um agradecimento extra pelo serviço prestado, sinalizando quanto gostamos dele. É por isso que, quando se é mal atendido num restaurante ou em qualquer outro lugar, ela fica dispensada. Da mesma forma, quando você é extremamente bem atendido ou até surpreendido, pode ser mais generoso.

A quem se dá gorjeta?

- ☺ Ao frentista do posto de gasolina, não só quando ele calibra os pneus ou lava os vidros de seu carro, mas também quando o abastece.
- ☺ Aos carregadores (de malas, de mudanças etc.) e entregadores em geral.
- ☺ Aos manobristas (do hotel, do restaurante, do salão etc.).
- ☺ Aos empacotadores de compra nos supermercados.
- ☺ À camareira do hotel – deixe no quarto, com um bilhetinho.
  - ✔ Ao pessoal da recepção, pode ser quando acertar a conta.
- ☺ No restaurante, ela é dividida entre todos os profissionais. Se alguém da equipe foi especialmente atencioso com você, pode lhe dar uma gorjeta extra.
- ☺ No salão de beleza, qualquer profissional pode recebê-la, exceto o cabeleireiro que é dono. Não precisa entregá-la diretamente, você pode deixá-la quando acertar a conta. E nem precisa dar gorjeta todas as vezes que vai ao salão, mas ocasionalmente. Uma opção é dar uma gorjeta bem gorda no final do ano.

- O único valor estabelecido no Brasil é o do restaurante, de 10% – mas não há nada que lhe impeça oferecer mais, caso o serviço seja excelente. Nos outros casos, você pode remunerar de acordo com seu orçamento e com o desempenho do profissional que o atendeu.

- "Caixinha" ou presentes de boas-festas para porteiros, zeladores, faxineiras, empregadas domésticas, lixeiros etc. são sempre bem-vindos. Não importa a forma (dinheiro ou presentes), mostram sua apreciação pelos bons serviços que lhe foram prestados.

Você, o estrangeiro

Quando em Roma, faça como os romanos! Quando estiver fora de seu país ou até mesmo de sua região, programe-se para aceitar que existem comportamentos muito diferentes daqueles aos quais você está acostumado. E o fato de serem distintos nem sempre os torna errados ou piores que os estabelecidos por sua cultura.

Evite as comparações. Fazer comentários do tipo "No Brasil é assim", "No Brasil é diferente" deixa o outro constrangido, e você só vai se irritar cada vez mais com as diferenças.

Pontualidade em países europeus e nos Estados Unidos, entre outros, é lei! Cheque os costumes de cada país antes de visitá-los.

Essa história de dizer "Passa lá em casa" ou "Vamos tomar um café qualquer dia desses", e não ter a menor intenção de realmente se encontrar com a pessoa, só existe aqui. Fora do Brasil, nem tente!

Beijos e abraços devem ser guardados para cumprimentar outros brasileiros. Estrangeiros em geral não são fãs desse hábito. Alguns não gostam nem

de apertos de mão. Na dúvida, espere um segundinho, dê a precedência ao estrangeiro e veja como ele agirá.

Vai se hospedar na casa de um amigo estrangeiro? Vai viver no exterior? Então se prepare para lidar com recepção, hábitos e decoração bem diferentes daqueles com os quais está acostumado. Lembre-se: mente aberta!

8 RELAÇÕES HOMEM-MULHER

PAPÉIS, PAPELÕES E A ETIQUETA DOS SEXOS

É fato que os papéis femininos e masculinos estão se redefinindo. Estamos em plena transição, e por isso muita gente está perdida, perguntando-se o que é certo ou errado no momento de lidar com esse tema. Na verdade, a resposta é mais simples do que se imagina. Errado, hoje, é ser sexista, é continuar encarando as diferenças entre homens e mulheres como algo negativo, como se um fosse pior ou melhor que o outro. Aceitar essas diferenças – físicas e psicológicas – e respeitar a igualdade de direitos e deveres é o certo. Estamos na era da diversidade. Diferenças são bem-vindas!

Novo manual da dama e do cavalheiro

As moças podem convidar os moços para sair? Quem paga a conta? Ele deve abrir a porta para ela passar? Essas são apenas algumas dúvidas que ainda aparecem sobre o que continua ou não valendo na convivência entre os sexos. Veja a seguir as respostas a essas e a muitas outras perguntas sobre o comportamento moderno – e elegante – de damas e cavalheiros.

Convites

Sim, as moças podem convidar os moços para sair. É impressionante que muita gente – homens e mulheres – ainda ache que há algo errado ou inconveniente nesse convite. Pense bem: num mundo onde, entre outras coisas, mulheres presidem países e empresas, negar o direito da iniciativa a uma mulher é um comportamento no mínimo descabido!

É preciso saber que quem convida corre o risco de receber um não, seja homem ou mulher. Aceite a resposta e siga adiante – nada de ficar especulando sobre os motivos ou forçando a barra.

Se é você quem vai dizer não, seja elegante. Agradeça primeiro, recuse depois. Não precisa ficar dando (ou inventando) mil desculpas para a recusa.

No restaurante

É nesse ambiente que muitas dúvidas aparecem, até porque muitas das regras da chamada etiqueta tradicional já caíram por terra – enquanto outras continuam valendo.

Dizia a lenda que, ao chegar ao restaurante, o homem deveria entrar na frente. Pois é, dizia! Hoje não há problema algum se a mulher entrar na frente. Além disso, o homem seria recebido pelo *maître* e com ele cuidaria da escolha da mesa – outra convenção que foi por água abaixo, pois a mulher pode, sim, participar da escolha das acomodações.

Quanto às acomodações, elas se sentam primeiro, e os homens ajudam afastando a cadeira (quando não há garçom para fazê-lo). Algumas delicadezas nunca sairão de moda... espero!

A regra tradicional diz que é o homem quem se dirige à equipe do restaurante, mas em pleno século XXI não há problema algum em deixar que a mulher o faça.

🍴 Por outro lado, meninas, não há problema algum em deixar que ele faça os pedidos para ambos. Encarem como uma gentileza.

E a conta? Bem, a regra diz que quem convida paga. Pensando a partir dessa regra, vejamos as possibilidades.

- Se ela convidou:
  - ✔ A iniciativa de pagar a conta pode e deve ser dela. Atenção, meninas! Não vale convidar o moço para sair e, na hora da conta, achar que quem paga é o cavalheiro.
  - ✔ Por outro lado, ele pode e deve se oferecer para pelo menos dividir – esse é um gesto sempre elegante quando você é o convidado. Cabe a quem convidou decidir se aceita a gentileza.
- Se ele convidou:
  - ✔ Ele deve tomar a iniciativa de pagar.
    - ☺ A moça pode se oferecer para dividir – como todo convidado elegante.
    - ☹ Damas, não se ofendam se o cavalheiro quiser pagar sozinho. Se o convite partiu dele, está corretíssimo que ele faça isso. Vocês podem até pedir para

dividir, mas não é machismo da parte dele insistir em pagar.

Do beijo na máo à troca de pneus: o que fica e o que sai

Gentileza genuína nunca sai de moda. Isso é o que você precisa saber ao se perguntar: "Será que ainda se faz assim?" Por isso alguns gestos, mesmo com pequenas alterações que os deixam com uma cara mais atual, sempre serão delicados e elegantes.

Permanece:

- 😊 Ele abrir a porta para ela passar.
- 😊 Ele abrir a porta do carro para ela entrar (desde que não seja num local ermo, onde haja, por exemplo, possibilidade de assalto).
  - ✔ E ela, além de agradecer, abrir a porta do lado dele por dentro.

☺ Subir as escadas atrás dela e descer na frente – com a intenção de ampará-la numa eventual queda. Isso é tão antiquado e tão... romântico!

☺ Outra coisa antiquada, mas ainda muito delicada, é ele caminhar do lado "de fora" da calçada ou da passagem. Se estão caminhando pela rua, ela fica do lado de dentro da calçada (perto das construções) e ele perto da via. E, se trouxermos para os dias de hoje, no *shopping* é ela quem caminha perto das vitrines, com uma visão privilegiada das futuras compras.

☺ Ele ajudá-la a trocar pneu ou trocá-lo para ela, mesmo que ela saiba fazer isso e não dependa de outra pessoa – e ela deve saber, já que isso significa independência e segurança física!

☺ Ele ajudá-la a carregar peso. E ela, por outro lado, se oferecer para dividir o peso com ele.

Desaparece:

☹ Ele cumprimentá-la beijando-lhe as mãos.

☹ Ela só sair do carro após ele lhe abrir a porta. Aí é exagero! Já passamos dessa fase.

☹ Ela esperar que ele faça tudo por ela, sentir que são obrigações dele: de abrir portas a carregar sacolas, de mandar flores a pagar contas. Moças emancipadas não agem assim!

Comportamento moderno: mais igual, mais elegante!

Tempos modernos pedem atitudes modernas – e elegantes, claro. Novos comportamentos estão se moldando e, aos poucos, se tornando cada vez mais aceitos (aleluia!).

O que vale:

☺ Ela tomar a iniciativa – qualquer uma.

✔ E ele agir com naturalidade, feliz da vida, sem achar que isso não é coisa de mulher "direita" ou é coisa de mulher "oferecida".

- ✔ Aliás, é muito feio (e até pior) quando são as outras mulheres que pensam assim.
- 😊 Ele ligar no dia seguinte, se prometeu que ligaria.
- 😊 Ela não fazer papel de vítima e acabar com a reputação dele, caso ele não ligue – mesmo que tenha prometido.
- 😊 Preparar um café da manhã para alguém que passou a noite anterior com você. Não interessa se passará a próxima ou se a pessoa nem se lembra de como vocês se conheceram. Encará-la como um hóspede é o mínimo que você pode fazer.
- 😊 Educar os filhos para que respeitem a igualdade de direitos e deveres e as diferenças (que bom que elas existem!) entre os sexos e entre as pessoas em geral.
- 😊 Ele ser vaidoso, com direito a roupa da moda, cremes e tratamentos de beleza. E ela não duvidar da masculinidade dele por causa disso... nem ficar chateada por ter de dividir o espelho.

O que não vale:

- 😞 Ouvir pérolas sexistas saídas da boca de quem quer que seja, homem ou mulher.
  - ✔ Fazer qualquer comentário do tipo "mulher isso", "homem aquilo". Basta de estereótipos! Eles só contribuem para nos distanciar e para incitar desentendimentos.
- 😞 Mulher achar que é o homem quem tem de pagar a conta – independentemente da condição financeira dela – ou ficar aborrecidíssima porque se ofereceu para dividir e ele aceitou. Isso é muito atrasado – e até hipócrita, você há de convir...
- 😞 Homem achar que ela, porque pagou a conta, quer jogar sua independência na cara dele. Que coisa mais *démodé*!
- 😞 Homem achar que, porque pagou a conta, tem direito a qualquer coisa mais que um "boa noite".
- 😞 Mulher bater no peito afirmando que é independente, exigir direitos iguais e depois dizer que a amiga que "sai com todo mundo" ou faz sexo no primeiro encontro é "fácil" – ou qualquer outro adjetivo do gênero!

- 😞 Ele, maior e mais forte:
  - ✔ andar na frente dela – e tapar toda a visão –, inclusive ao entrar no restaurante;
  - ✔ assistir à moça trocar pneu;
  - ✔ deixar todo o peso ser carregado por ela.
- 😞 Mexer com mulher na rua. Certas frases, palavras ou sons nunca soarão positivos ou elogiosos, por mais bem-intencionados que possam ser na cabecinha de quem os profere.
- 😞 Rotular uma mulher independente de "fácil".
- 😞 Questionar a masculinidade de um homem só porque ele é vaidoso, sensível e gentil.
- 😞 Não ligar no dia seguinte quando prometeu que ligaria – independentemente do sexo.
- 😞 Educar os meninos para caçar e as meninas para casar.
- 😞 Contar piadinhas sobre a orientação sexual do outro.
- 😞 Pregar a desigualdade de direitos entre homossexuais e heterossexuais. Afinal, todo mundo paga impostos da mesma maneira!

@ ETIQUETA EMPRESARIAL

O que vale:

- ✔ igualdade de salários e benefícios entre homens e mulheres;
- ✔ os mesmos direitos a promoção;
- ✔ os mesmos deveres;
- ✔ respeitar os colegas do sexo oposto da mesma forma como respeita os do mesmo sexo.

O que não vale:

- ✔ desigualdade de direitos e deveres;
- ✔ ouvir pérolas sexistas nesse ambiente – isso é o cúmulo!

Etiqueta do casal

Dos namoricos aos casamentos de papel passado, elegância faz bem para qualquer relacionamento. Ajuda a construir e a manter o respeito pelo outro, além de tornar o convívio, por mais curto que seja, muito mais agradável.

Para quem já passou da paquera, do "estamos ficando" e dos primeiros encontros, eis algumas dicas.

Não vale ficar falando mal do parceiro para os outros, principalmente para as pessoas de sua família, que podem tornar a vida dele mais difícil.

Cuidado com o uso de nomes carinhosos. Eles podem até ser aceitáveis num ambiente onde estão apenas pessoas mais íntimas, mas podem soar ridículos num ambiente mais formal.

Brigas, discussões, frases atravessadas, alterações de voz, indiretas e comentários indiscretos em público são absolutamente desnecessários e deselegantes. Poupe o parceiro, você e quem está por perto. Nada é mais constrangedor do que ter de assistir ao desentendimento alheio.

☹ E, se vocês têm filhos, pensem duas vezes antes de dar início à batalha na frente deles.

Mesmo na maior privacidade, nada justifica uma rotina de gritos, xingamentos e ofensas.

Elogie. Não é à toa que você está nesse relacionamento. A cara-metade merece saber quanto você a admira.

Num relacionamento, ninguém é dono da verdade nem dos melhores hábitos e atitudes. Seu amor adora um prato que você odeia? Em vez de ficar maldizendo a comida, leve-o para um jantar que inclua a iguaria.

Dê menos importância à forma de apertar o tubo de pasta de dentes e mais importância às coisas boas e interessantes que vocês fazem juntos e às qualidades do outro.

Você adora bagunça, o outro é o rei da organização? Ambos têm de ceder um pouco.

Por mais que você queira que seu parceiro dirija melhor ou simplesmente dirija como você, isso não vai acontecer. Ficar atormentando a vida do motorista é pura perda de tempo e de pontos!

Cuidado com as manifestações de paixão em público. Em locais como *shoppings*, restaurantes e ambientes mais formais, elas devem ser evitadas. Não é que vocês não possam trocar beijinhos, mas beijos cinematográficos pedem ambientes mais reservados.

Não fique falando do passado. Não compare, não conte detalhes, não critique. É passado, não volta mais e não vai ajudar no relacionamento atual.

Não pergunte o que você, no fundo, no fundo, não quer saber, como:

☹ "Esta roupa me deixa gorda?", "Você acha que estou ficando careca?" e outras coisas que estejam relacionadas com sua vaidade e autoestima.

☹ "Com quantas pessoas você já dormiu?"

☹ "Quem é melhor: eu ou o(a) ex?" – em qualquer categoria: de melhor motorista a melhor amante. Deixe os fantasmas em paz.

Querido Leitor,

Espero que nosso tempo no Livro tenha sido, e seja sempre, de grande ajuda.

Obrigada pela sua companhia!
Um abraço,

Ana Vaz

BIBLIOGRAFIA

Araújo, Maria Aparecida A. *Etiqueta empresarial*: *ser bem--educado é...* Rio de Janeiro: QualityMark, 2004.

Kalil, Glória. *Chiq(érrimo)*: *moda e etiqueta em novo regime.* São Paulo: Códex, 2004.

Kinsel, Brenda. *In the Dressing Room with Brenda*: *a Fun and Practical Guide to Buying Smart and Looking Great.* Berkeley: Wildcat Canyon Press, 2001.

Klensch, Elsa. *Style.* Nova York: Berkley Publishing Group, 1995.

Matarazzo, Cláudia. *Etiqueta sem frescura.* São Paulo: Melhoramentos, 2004.

Soares, Esther P. e Falcão, Maria Felícia C. *A mesa*: *arranjo e etiqueta.* São Paulo: Escrituras, 2002.

ÍNDICE REMISSIVO

Impressão e Acabamento